CARTA ENCÍCLICA
CENTESIMUS ANNUS
DO SUMO PONTÍFICE
JOÃO PAULO II
AOS VENERÁVEIS IRMÃOS NO EPISCOPADO
AO CLERO
ÀS FAMÍLIAS RELIGIOSAS
AOS FIÉIS DA IGREJA CATÓLICA
E A TODOS OS HOMENS
DE BOA VONTADE
NO CENTENÁRIO DA *RERUM NOVARUM*

7ª edição – 2007
3ª reimpressão – 2018

Nenhuma parte desta obra poderá ser reproduzida ou transmitida por qualquer forma e/ou quaisquer meios (eletrônico ou mecânico, incluindo fotocópia e gravação) ou arquivada em qualquer sistema ou banco de dados sem permissão escrita da Editora. Direitos reservados.

Paulinas
Rua Dona Inácia Uchoa, 62
04110-020 – São Paulo – SP (Brasil)
Tel.: (11) 2125-3500
http://www.paulinas.org.br – editora@paulinas.com.br
Telemarketing e SAC: 0800-7010081

© Pia Sociedade Filhas de São Paulo – São Paulo, 1991

JOÃO PAULO P.P. II

Veneráveis irmãos, caríssimos filhos e filhas, saúde e bênção apostólica!

INTRODUÇÃO

1. O CENTENÁRIO da promulgação da Encíclica do meu predecessor Leão XIII de veneranda memória, que inicia com as palavras *Rerum novarum*,[1] assinala uma data de importância relevante na história presente da Igreja e também no meu pontificado. De fato, aquela teve o singular privilégio de ser comemorada por Documentos solenes dos Sumos Pontífices, desde o seu quadragésimo aniversário até ao nonagésimo. Podemos assim dizer que o seu trajeto histórico foi ritmado por outros escritos, que simultaneamente a reevocavam e atualizavam.[2]

Ao propor-me fazer o mesmo no seu centenário, solicitado por numerosos Bispos, instituições eclesiais, centros de estudos, empresários e trabalhadores, tanto

---

1. LEÃO XIII, Carta Enc. *Rerum novarum* (15 de Maio de 1891): *Leonis XIII P. M. Acta*, XI (Roma 1892) 97-144.
2. PIO XI, Carta Enc. *Quadragesimo anno* (15 de Maio de 1931): *AAS* 23 (1931) 177-228; PIO XII, Mensagem radiofônica em 1 de Junho de 1941: *AAS* 33 (1941) 195-205; JOÃO XXIII, Carta Enc. *Mater et magistra* (15 de Maio de 1961): *AAS* 53 (1961) 401-464; PAULO VI, Epist. Apost. *Octogesima adveniens* (14 de Maio de 1971): *AAS* 63 (1971) 401-441.

a título individual como na qualidade de membros de diversas associações, desejo antes de mais satisfazer o débito de gratidão que a Igreja inteira tem para com o grande Papa Leão XIII e o seu "imortal Documento".[3] Quero também mostrar que *a seiva abundante, que sobe daquela raiz, não secou com o passar dos anos, pelo contrário tornou-se mais fecunda.* Disso mesmo são testemunho as iniciativas de vários gêneros que precederam, acompanham e seguirão esta celebração, iniciativas promovidas pelas Conferências episcopais, por Organismos internacionais, por Universidades e Institutos acadêmicos, por Associações profissionais e por outras instituições e pessoas, em muitas partes do mundo.

2. A presente Encíclica participa nestas celebrações, para agradecer a Deus, do Qual "provém toda a boa dádiva e todo o dom perfeito" (*Tg* 1,17), que quis servir-se de um documento emanado há cem anos da Cátedra de Pedro, para operar na Igreja e no mundo imenso bem e difundir tanta luz. A comemoração, aqui feita, refere-se à Encíclica leonina, mas engloba depois também as Encíclicas e outros escritos dos meus predecessores, que contribuíram para a tornar presente e operante ao longo do tempo, constituindo aquela que seria chamada "doutrina social", "ensino social", ou ainda "Magistério social" da Igreja.

À validade de tal ensinamento se referem já duas Encíclicas que publiquei nos anos do meu pontificado: a *Laborem exercens* acerca do trabalho humano, e a

---

3. Cf. PIO XI, Carta Enc. *Quadragesimo anno*, III, *l. c.*, 228.

Sollicitudo rei socialis sobre os atuais problemas do desenvolvimento dos homens e dos povos.[4]

3. Desejo agora propor uma "releitura" da Encíclica leonina, convidando a "olhar para trás", ao próprio texto, para descobrir de novo a riqueza dos princípios fundamentais, nela formulados, sobre a solução da questão operária. Mas convido também a "olhar ao redor", às "coisas novas", que nos circundam e em que nos encontramos como que imersos, freqüentemente muito diversas das "coisas novas" que caracterizaram o último decênio do século passado. Enfim, convido a "olhar ao futuro", quando já se entrevê o terceiro Milênio de era cristã, carregado de incógnitas, mas também de promessas. Incógnitas e promessas que apelam à nossa imaginação e criatividade, estimulando também a nossa responsabilidade, como discípulos do "único Mestre", Cristo (cf. *Mt* 23,8), de indicar o "caminho", proclamar a "verdade" e comunicar "a vida" que é Ele próprio (cf. *Jo* 14,6).

Procedendo deste modo, será confirmado não *só o valor permanente do seu ensinamento,* mas manifestar-se-á também o *verdadeiro sentido da Tradição da Igreja,* que, sempre viva e vivificante, constrói sobre o fundamento posto pelos nossos pais na fé e, designadamente, sobre o que "os Apóstolos transmitiram à Igreja"[5] em nome de Jesus Cristo, o fundamento "que ninguém pode substituir" (*1Cor* 3,11).

---

4. Carta Enc. *Laborem exercens* (14 de Setembro de 1981): *AAS* 73 (1981) 577-647; Carta Enc. *Sollicitudo rei socialis* (30 de Dezembro de 1987): *AAS* 80 (1988) 513-586.
5. Cf. SANTO IRENEU, *Adversus Haereses,* I, 10, 1; III, 4, 1: *PG* 7, 549 s.; 885 s.; *Sourc. Chrét.* 264, 154 s.; 211, 44-46.

Foi movido pela consciência da sua missão de sucessor de Pedro que Leão XIII se propôs falar, e a mesma consciência anima hoje o seu sucessor. Como ele, e os Pontífices anteriores e posteriores, me inspiro na imagem evangélica do "escriba instruído nas coisas do Reino dos Céus", do qual o Senhor diz que "é semelhante a um pai de família, que do seu tesouro tira coisas novas e antigas" (*Mt* 13,52). O tesouro é a grande corrente da Tradição da Igreja, que contém as "coisas antigas", desde sempre recebidas e transmitidas, e que permite ler as "coisas novas", no meio das quais transcorre a vida da Igreja e do mundo.

Entre essas coisas que, incorporando-se na Tradição, se tornam antigas e oferecem ocasião e material para o seu enriquecimento e para uma maior valorização da vida de fé, conta-se também a atividade fecunda de milhões e milhões de homens que, estimulados pelo ensinamento do Magistério social, procuraram inspirar-se nele para o próprio compromisso no mundo. Atuando individualmente ou inseridos em grupos, associações e organizações, constituíram como que um *grande movimento empenhado na defesa da pessoa humana* e na tutela da sua dignidade, o que tem contribuído para construir, nas diversas vicissitudes da história, uma sociedade mais justa, ou pelo menos a colocar barreiras e limites à injustiça.

A presente Encíclica visa pôr em evidência a fecundidade dos princípios expressos por Leão XIII, que pertencem ao patrimônio doutrinal da Igreja, e, como tais, empenham a autoridade do seu Magistério. Mas a solicitude pastoral levou-me também a propor a *análise de alguns acontecimentos da história recente*. É supérfluo dizer que a atenta consideração do evoluir dos acontecimentos, para discernir as novas exigências da evangelização, faz parte da tarefa dos pastores. Tal exame, no entanto, não pretende dar juízos definitivos, não fazendo parte, por si, do âmbito específico do Magistério.

CAPÍTULO I

TRAÇOS CARACTERÍSTICOS DA *"RERUM NOVARUM"*

4. No final do século passado, a Igreja encontrou-se diante de um processo histórico, em movimento já há algum tempo, mas que então atingia um ponto nevrálgico. Fator determinante desse processo foi um conjunto de mudanças radicais verificadas no campo político, econômico e social, no âmbito científico e técnico, além da influência multiforme das ideologias predominantes. Resultado destas alterações foi, no campo político, uma *nova concepção da sociedade e do Estado* e, conseqüentemente, *da autoridade*. Uma sociedade tradicional se dissolvia, e começava-se a formar uma outra, cheia da esperança de novas liberdades, mas também dos perigos de novas formas de injustiça e escravidão.

No campo econômico, para onde confluíam as descobertas e as aplicações das ciências, chegara-se progressivamente a novas estruturas na produção dos bens de consumo. Surgira uma *nova forma de propriedade,* o capital, e uma *nova forma de trabalho,* o assalariado, caracterizado por pesados ritmos de produção, sem horário nem qualquer atenção ao sexo, idade ou situação familiar, mas determinado apenas pela eficiência, na perspectiva do incremento do lucro.

O trabalho tornava-se assim uma mercadoria, que podia ser livremente comprada e vendida no mercado, e cujo preço era determinado pela lei da procura e da oferta, sem olhar ao mínimo necessário para o sustento vital da pessoa e sua família. E a maior parte das vezes o trabalhador nem sequer estava seguro de conseguir vender desse modo a "própria mercadoria", vendo-se continuamente ameaçado pelo desemprego, o que significava, na ausência de qualquer forma de previdência social, o espectro da morte pela fome.

Conseqüência desta transformação era "a divisão da sociedade em duas classes, separadas por um abismo profundo":[6] esta situação estava entrelaçada com uma acentuada alteração de ordem política. De fato, a teoria política então predominante procurava promover, com leis apropriadas ou, pelo contrário, com voluntária abstenção de qualquer intervenção, a total liberdade econômica. Ao mesmo tempo, começava a surgir, de forma organizada e tantas vezes violenta, uma outra concepção da propriedade e da vida econômica, que implicava uma nova organização política e social.

No momento culminante desta contraposição, quando aparecia já em plena luz a gravíssima injustiça da realidade social, presente em muitas situações, e o perigo de uma revolução alimentada pelas concepções então denominadas "socialistas", Leão XIII intervém com um Documento, que afrontava de maneira orgânica a "questão operária". A Encíclica fora precedida por algumas, mais dedicadas a ensinamentos de caráter político, e outras a seguirão mais tarde.[7] Nes-

---

6. LEÃO XIII, Carta Enc. *Rerum novarum, l. c.*, 132.
7. Cf., por ex., LEÃO XIII, Carta Enc. *Arcanum divinae sapientiae* (10 de Fevereiro de 1880): *Leonis XIII P. M. Acta*, II (Roma 1882) 10-40; Carta Enc. *Diuturnum illud* (29 de Junho de 1881): *Leonis XIII P. M. Acta*, VIII

te contexto, deve-se lembrar particularmente a Encíclica *Libertas praestantissimum,* onde Leão XIII fazia ressaltar o vínculo constitutivo da liberdade humana com a verdade, de tal modo que uma liberdade que por si própria recusasse vincular-se à verdade, degeneraria em arbítrio e acabaria por submeter-se às paixões mais vis, e por se autodestruir. Com efeito, de que derivam todos os males contra os quais a *Rerum novarum* quis reagir, se não de uma liberdade que, no campo da atividade econômica e social, se separa inteiramente da verdade do homem?

O Pontífice inspirava-se, além disso, no ensino dos predecessores, bem como nos muitos Documentos episcopais, nos estudos científicos de leigos, na ação de movimentos e associações católicas e em tantas iniciativas realizadas no campo social, que marcaram a vida da Igreja, na segunda metade do século XIX.

5. As "coisas novas" a que o Papa se referia, estavam longe de ser positivas. O primeiro parágrafo da Encíclica descreve as "coisas novas", que lhe deram o nome, com traços fortes: "Dado que uma *ânsia ardente de coisas novas* já há tempos agitava os Estados, seguir-se-lhe-ia como conseqüência que *os desejos de mudança* acabariam por se transferir do campo político para o setor conexo da economia. De fato, os progressos incessantes da indústria, os novos caminhos abertos ao emprego, as diversas relações entre patrões e operários; o acumular da riqueza nas mãos de poucos, ao lado da miséria de muitos; a maior consciência

---

(Roma 1882) 269-287; Carta Enc. *Libertas praestantissimum* (20 de Junho de 1888): *Leonis XIII P. M. Acta,* VIII (Roma 1889) 212-246; Epist. Enc. *Graves de communi* (18 de Janeiro de 1901): *Leonis XIII P. M. Acta,* XXI (Roma 1902) 3-20.

que os trabalhadores adquiriram de si mesmos e, por conseguinte, uma maior união entre eles, e além disso a decadência dos costumes, todas estas coisas fizeram deflagrar um conflito".[8]

O Papa, e com ele a Igreja, bem como a comunidade civil, encontram-se frente a uma sociedade dividida por um conflito, tanto mais duro e desumano por não conhecer regra nem diretriz. Foi precisamente sobre *o conflito entre o capital e o trabalho, ou* — como o chamava a Encíclica — a questão operária, nos termos gravíssimos que então se revelava, que o Papa não hesitou em dizer a sua palavra.

Aparece aqui a primeira reflexão, que a Encíclica sugere para o tempo presente. Em face de um conflito que opunha, quase como "lobos", o homem ao próprio homem, exatamente no plano da sobrevivência vital de uns e da opulência dos outros, o Papa não duvidou ser seu dever intervir, em virtude do seu "ministério apostólico"[9] ou seja, da missão recebida do próprio Jesus Cristo de "apascentar os cordeiros e as ovelhas" (cf. *Jo* 21,15-17) e de "ligar e desligar na terra" para o Reino dos Céus (cf. *Mt* 16,19). A sua intenção era com certeza restabelecer a paz, e o leitor contemporâneo não pode deixar de notar a severa condenação da luta de classes, que ele proferia sem meios termos.[10] Porém, estava bem consciente do fato de que a *paz se edifica sobre o fundamento da justiça:* o conteúdo essencial da Encíclica foi precisamente a procla-

---

8. Carta Enc. *Rerum novarum, l. c.,* 97.
9. *Ibid., l. c.,* 98.
10. Cf. *ibid., l. c.,* 109 s.

mação das condições fundamentais da justiça na conjuntura econômica e social de então.[11]

Deste modo Leão XIII, no rasto dos predecessores, estabelecia um paradigma permanente para a Igreja. Esta, com efeito, tem a sua palavra a dizer perante determinadas situações humanas, individuais e comunitárias, nacionais e internacionais, para as quais formula uma verdadeira doutrina, um *corpus*, que lhe permite analisar as realidades sociais, pronunciar-se sobre elas e indicar diretrizes para a justa solução dos problemas que daí derivam.

No tempo de Leão XIII, semelhante concepção do direito-dever da Igreja estava muito longe de ser comumente aceito. Prevalecia, de fato, uma dupla tendência: uma orientada para este mundo e esta vida, à qual a fé devia permanecer estranha; e outra dedicada a uma salvação puramente ultraterrena, que todavia não iluminava nem orientava a presença sobre a terra. A própria atitude do Papa de publicar a *Rerum novarum* conferiu à Igreja quase um "estatuto de cidadania" no meio das variáveis realidades da vida pública, e isto confirmar-se-ia ainda mais em seguida. Efetivamente, para a Igreja, ensinar e difundir a doutrina social pertence à sua missão evangelizadora e faz parte essencial da mensagem cristã, porque essa doutrina propõe as suas conseqüências diretas na vida da sociedade e enquadra o trabalho diário e as lutas pela justiça no testemunho de Cristo Salvador. Ela constitui, além disso, uma fonte de unidade e de paz, em face dos conflitos que inevitavelmente se levantam no se-

---

11. Cf. *ibid., l. c.*, 110 s.: descrição das condições de trabalho; 136 s.: associações operárias anti-cristãs.

tor econômico-social. Torna-se possível desse modo viver as novas situações sem envilecer a dignidade transcendente da pessoa humana, nem em si próprio nem nos adversários, e encaminhá-las para uma reta solução.

Ora, a validade de tal orientação oferece-me, à distância de cem anos, a oportunidade de dar um contributo para a elaboração da "doutrina social cristã". A "nova evangelização", da qual o mundo moderno tem urgente necessidade, e sobre a qual várias vezes insisti, deve incluir entre as suas componentes essenciais o *anúncio da doutrina social da Igreja,* tão idônea hoje como no tempo de Leão XIII para indicar o reto caminho de resposta aos grandes desafios da idade contemporânea, enquanto cresce o descrédito das ideologias. Como então, é preciso repetir que *não existe verdadeira solução para a "questão social" fora do Evangelho* e que, por outro lado, as "coisas novas" podem encontrar neste o seu espaço de verdade e a devida avaliação moral.

6. Propondo-se projetar luz sobre o *conflito* que se estava a adensar entre capital e trabalho, Leão XIII afirmava os direitos fundamentais dos trabalhadores. Por isso, a chave de leitura do texto leonino é a *dignidade do trabalhador* em quanto tal e, por isso mesmo, a *dignidade do trabalho,* que aparece definido como "a atividade humana destinada a prover às necessidades da vida, e especialmente à sua conservação"[12] o Pontífice qualifica o trabalho como "pessoal", já que "a força ativa é inerente à pessoa, totalmente pertencente a

12. *Ibid., l. c.,* 130; cf. também, 114 s.

quem a exercita, e foi-lhe dada para seu proveito".[13] O trabalho pertence assim à vocação de cada pessoa; mais, o homem exprime-se e realiza-se na sua atividade laborativa. Simultaneamente o trabalho tem uma dimensão "social", pela sua íntima relação quer com a família, quer com o bem comum, "porque pode-se afirmar de verdade que o trabalho dos operários é o que produz as riquezas dos Estados".[14] Isto mesmo retomei e desenvolvi na Encíclica *Laborem exercens*.[15]

Um outro princípio relevante, é, sem dúvida, o do *direito à "propriedade privada"*.[16] O próprio espaço, que lhe dedica a Encíclica, revela a importância que lhe atribui. O Papa está bem consciente do fato de que a propriedade privada não é um valor absoluto, nem deixa de proclamar os princípios complementares, como o do *destino universal dos bens da terra*.[17]

Por outro lado, é certo também que o tipo de propriedade privada, que ele principalmente considera, é o da posse da terra.[18] Todavia isso não impede que as razões aduzidas para tutelar a propriedade privada, ou seja, para afirmar o direito a possuir as coisas necessárias para o desenvolvimento pessoal e da própria família — nas diversas formas concretas que este direito possa assumir conservem hoje o seu valor. Isto deve ser novamente afirmado quer perante as mudanças, de que hoje somos testemunhas, verificadas nos sistemas onde imperava a propriedade coleti-

---

13. *Ibid., l. c.,* 130.
14. *Ibid., l. c.,* 123.
15. Cf. Carta Enc. *Laborem exercens,* 1, 2, 6: *l. c.,* 578-583; 589-592.
16. Cf. Carta Enc. *Rerum novarum, l. c.,* 99-107.
17. Cf. *ibid., l. c.,* 102 s.
18. Cf. *ibid., l. c.,* 101-104.

va dos meios de produção, quer defronte aos crescentes fenômenos de pobreza ou, mais exatamente, às privações da propriedade privada, que se apresentam aos nossos olhos em muitas partes do mundo, inclusive naquelas onde predominam os sistemas cujo fulcro é precisamente a afirmação do direito de propriedade privada. Na seqüência dessas alterações e da persistência da pobreza, torna-se necessária uma análise mais profunda do problema, que será desenvolvida mais adiante.

7. Em estreita relação com o tema do direito de propriedade a Encíclica de Leão XIII afirma de igual modo *outros direitos*, como próprios e inalienáveis da pessoa humana. Entre eles, é proeminente, pelo espaço que lhe dedica e a importância que lhe atribui, o "direito natural do homem" a formar associações privadas; o que, significa primariamente o *direito de criar associações profissionais* de empresários e operários, ou apenas de operários.[19] Daqui a razão pela qual a Igreja defende e aprova a criação daquilo que agora designamos por sindicatos, não certamente por preconceitos ideológicos nem por ceder a uma mentalidade de classe, mas porque o associar-se é um "direito natural" do ser humano e, portanto, anterior à sua integração na sociedade política. De fato, "o Estado não pode proibir a sua formação", porque ele "deve tutelar os direitos naturais, não destruí-los. Impedindo tais associações, ele contradiz-se a si mesmo".[20]

Em conjunto com este direito, que o Papa — é justo sublinhá-lo — reconhece explicitamente aos ope-

---

19. Cf. *ibid., l. c.*, 134 s.; 137 s.
20. *Ibid., l. c.*, 135.

rários, ou, segundo a sua linguagem, aos "proletários", são afirmados com igual clareza os direitos à "limitação das horas de trabalho", ao legítimo repouso, e a um tratamento diverso aos menores e às mulheres[21] no que se refere ao tipo e duração do trabalho.

Se se tem presente o que a história diz acerca dos processos consentidos, ou pelo menos não excluídos legalmente, em ordem à contratação, sem qualquer garantia quanto às horas de trabalho, nem quanto às condições higiênicas do ambiente, e ainda sem atender à idade e ao sexo dos candidatos ao emprego, é bem compreensível a severa afirmação do Papa. "Não é justo nem humano — escreve ele — exigir do homem um trabalho tal que, devido à exagerada fadiga, lhe faça brutalizar a mente e debilitar o corpo". E pormenorizando no que se refere ao contrato, que devia fazer entrar em vigor tais "relações de trabalho", afirma: "em toda a convenção estipulada entre patrões e operários, exista sempre a condição expressa ou subentendida" que preveja convenientemente o repouso proporcional "à soma das energias despendidas no trabalho"; depois conclui: "um pacto contrário seria imoral".[22]

8. Imediatamente a seguir o Papa enuncia um *outro direito* do operário como pessoa. Trata-se do direito ao "justo salário", que não pode ser deixado "ao livre acordo das partes: de modo que o dador de trabalho, uma vez paga a mercadoria, fez a sua parte, sem de nada mais ser devedor".[23] O Estado, não tem poder — dizia-se naquele tempo — para intervir na determi-

21. Cf. *ibid.*, *l. c.*, 128-129.
22. *Ibid.*, *l. c.*, 129.
23. *Ibid.*, *l. c.*, 129.

nação destes contratos, mas apenas para garantir o cumprimento de quanto fora explicitamente estipulado. Semelhante concepção das relações entre patrões e operários, puramente pragmática e inspirada num rígido individualismo, é severamente reprovada na Encíclica, enquanto contrária à dupla natureza do trabalho, como fato pessoal e necessário. Com efeito, se o trabalho, na sua dimensão pessoal, pertence à disponibilidade de que cada um goza das próprias faculdades e energias, todavia enquanto necessário, é regulado pela obrigação grave que pende sobre cada um de "conservar a vida"; "daqui nasce por necessária conseqüência — conclui o Papa — o direito de procurar os meios de sustento, que, para a gente pobre, se reduzem ao salário do próprio trabalho".[24]

O salário deve ser suficiente para manter o operário e a sua família. Se o trabalhador, "pressionado pela necessidade, ou pelo medo do pior, aceita contratos mais duros porque impostos pelo proprietário ou pelo empresário, e que, por vontade ou sem ela, devem ser aceitas, é claro que sofre uma violência, contra a qual a justiça protesta".[25]

Queira Deus que estas palavras, escritas enquanto crescia o que foi chamado "capitalismo selvagem", não tenham hoje de ser repetidas com a mesma severidade. Infelizmente ainda hoje é freqüente encontrar casos de contratos entre patrões e operários, nos quais se ignora a mais elementar justiça, em matéria de trabalho de menores ou feminino, dos horários de trabalho, do estado higiênico dos locais de trabalho, e

24. *Ibid., l. c.*, 130 s.
25. *Ibid., l. c.*, 131.

da legítima retribuição. E isto não obstante as *Declarações e Convenções Internacionais* sobre o assunto,[26] e as próprias leis internas dos Estados. O Papa atribuía à "autoridade pública", o "estrito dever" de cuidar adequadamente do bem-estar dos trabalhadores, porque se o não fizesse, ofenderia a justiça; não hesitava mesmo em falar de "justiça distributiva".[27]

9. A tais direitos, Leão XIII junta outro, sempre a propósito da condição operária, que considero necessário recordar expressamente, devido à importância que tem: é o direito de cumprir livremente os deveres religiosos. O Papa quis proclamá-lo no mesmo contexto dos outros direitos e deveres dos operários, e isso não obstante o clima geral que, também no seu tempo, considerava certas questões como pertencentes exclusivamente ao âmbito individual. Ele afirma a necessidade do repouso festivo, a fim de que o homem seja levado ao pensamento dos bens celestes e ao culto devido à majestade divina.[28] Deste direito, radicado num mandamento, ninguém pode privar o homem: "a ninguém é lícito violar impunemente a dignidade do homem, e o Estado deve assegurar ao operário o exercício dessa liberdade".[29]

Não se equivocaria quem visse, nesta clara afirmação, o gérmen do princípio do direito à liberdade religiosa, que foi depois objeto de muitas Declarações solenes e Convenções internacionais,[30] bem como da

---

26. Cf. Declaração Universal dos Direitos do Homem.
27. Cf. Carta Enc. *Rerum novarum, l. c.*, 121-123.
28. Cf. *ibid., l. c.*, 127.
29. *Ibid., l.c.*, 126 s.
30. Cf. Declaração Universal dos Direitos do Homem; Declaração sobre a eliminação de todas as formas de intolerância e descriminação baseadas na religião ou convicções pessoais.

nossa Declaração conciliar e do meu constante ensinamento.[31] A propósito, devemos interrogar-nos se os dispositivos legais vigentes e a práxis das sociedades industrializadas asseguram hoje efetivamente o exercício do direito elementar ao repouso festivo.

10. Outra nota importante, rica de ensinamentos para os nossos dias, é a concepção das relações entre o Estado e os cidadãos. A Rerum novarum critica os dois sistemas sociais e econômicos: o socialismo e o liberalismo. Ao primeiro, é dedicada a parte inicial, na qual se reafirma o direito à propriedade privada; ao segundo, não se dedica nenhuma secção especial, mas — fato merecedor de atenção — inserem-se as críticas, quando se aborda o tema dos deveres do Estado.[32] Este não pode limitar-se a "providenciar a favor de uma parte dos cidadãos", isto é, a rica e próspera, nem pode "transcurar a outra", que representa sem dúvida a larga maioria do corpo social; caso contrário, ofende-se a justiça, que quer que se dê a cada um o que lhe pertence. "Todavia, na tutela destes direitos pessoais, tenha-se uma atenção especial com os débeis e os pobres. A classe dos ricos, forte por si mesma, tem menos necessidade de defesa pública; a classe proletária, carente de um apoio próprio, tem uma necessidade especial de o procurar na proteção do Estado. Por isso aos operários, que se contam no número dos débeis e necessitados, o Estado deve preferentemente dirigir os seus cuidados e as suas providências".[33]

---

31. CONC. ECUM. VAT. II, Declaração sobre a liberdade religiosa *Dignitatis humanae;* JOÃO PAULO II, Carta aos Chefe de Estado (1 de Setembro de 1980): *AAS* 72 (1980) 1252-1260; Mensagem para o Dia Mundial da Paz 1988: *AAS* 80 (1988) 278-286.
32. Cf. Carta Enc. *Rerum novarum, l. c.,* 99-105; 130 s.; 135.
33. *Ibid., l. c.,* 125.

Estes passos têm hoje valor sobretudo em face das novas formas de pobreza existentes no mundo, tanto mais que são afirmações que não dependem de uma determinada concepção do Estado nem de uma particular teoria política. O Papa reafirma um princípio elementar de qualquer sã organização política, ou seja, os indivíduos quanto mais indefesos aparecem numa sociedade, tanto mais necessitam da atenção e do cuidado dos outros e, particularmente da intervenção da autoridade pública.

Deste modo o princípio, que hoje designamos de solidariedade, e cuja validade, quer na ordem interna de cada Nação, quer na ordem internacional, sublinhei na Sollicitudo rei socialis,[34] apresenta-se como um dos princípios basilares da concepção cristã da organização social e política. Várias vezes Leão XIII o enuncia, com o nome "amizade", que encontramos já na filosofia grega; desde Pio XI é designado pela expressão mais significativa "caridade social", enquanto Paulo VI, ampliando o conceito na linha das múltiplas dimensões atuais da questão social, falava de "civilização do amor".[35]

11. A releitura da Encíclica à luz da realidade contemporânea, permite apreciar a constante preocupação e dedicação da Igreja a favor daquelas categorias de pessoas, que são objeto de predileção por parte do Senhor Jesus. O próprio conteúdo do texto é um

---

34. Cf. Carta Enc. *Sollicitudo rei socialis*, 38-40: *l. c.*, 564-569; cf. também JOÃO XXIII, Carta Enc. *Mater er magistra*, *l. c.*, 407.
35. Cf. LEÃO XIII, Carta Enc. *Rerum novarum*, *l. c.*, 114-116; PIO XI, Carta Enc. *Quadragesimo anno*, III, *l. c.*, 208; PAULO VI, Homilia no encerramento do Ano Santo (25 de Dezembro de 1975): *AAS* 68 (1976) 145; Mensagem para o Dia Mundial da Paz 1977: *AAS* 68 (1976) 709.

testemunho excelente da continuidade, na Igreja, daquela que agora se designa "opção preferencial pelos pobres", opção que defini como "uma forma especial de primado na prática da caridade cristã".[36] A Encíclica sobre a "questão operária" é, pois, um documento sobre os pobres, e sobre a terrível condição à qual o novo e não raramente violento processo de industrialização reduzira enormes multidões. Também hoje, numa grande parte do mundo, semelhantes processos de transformação econômica, social e política produzem os mesmos males.

Se Leão XIII recorre ao Estado para dar o justo remédio à condição dos pobres, é porque reconhece oportunamente que o Estado tem o dever de promover o bem comum, e de procurar que os diversos âmbitos da vida social, sem excluir o econômico, contribuam para realizar aquele, embora no respeito da legítima autonomia de cada um deles. Isto, contudo, não deve fazer pensar que, para o Papa Leão XIII, toda a solução da questão social se deverá esperar do Estado. Pelo contrário, ele insiste várias vezes sobre os necessários limites à intervenção do Estado e sobre o seu caráter instrumental, já que o indivíduo, a família e a sociedade lhe são anteriores, e ele existe para tutelar os direitos de um e de outras, e não para os sufocar.[37]

A ninguém escapa a atualidade destas reflexões. Sobre o importante tema dos limites inerentes à natureza do Estado, convirá voltar mais adiante. De momento, os pontos sublinhados, não certamente os únicos da Encíclica, põem-se na continuidade do Magisté-

36. Carta Enc. *Sollicitudo rei socialis*, 42: *l. c.*, 572.
37. Cf. Carta Enc. *Rerum novarum*, *l. c.*, 101 s.; 104 s.; 130 s.; 136.

rio social da Igreja e à luz também de uma sã concepção da propriedade privada, do trabalho, do processo econômico, da realidade do Estado e, acima de tudo, do próprio homem. Outros temas serão depois mencionados, ao examinar alguns aspectos da realidade contemporânea; mas será conveniente desde já ter presente que aquilo que serve de trama e, em certo sentido, de linha condutora à Encíclica, e a toda a doutrina social da Igreja, é a *correta concepção da pessoa humana e do seu valor único,* enquanto "o homem (é) a única criatura sobre a terra a ser querida por Deus por si mesma".[38] Nele gravou a sua imagem e semelhança (cf. *Gn* 1,26), conferindo-lhe uma dignidade incomparável, sobre a qual a Encíclica retorna várias vezes. Com efeito, além dos direitos que cada homem adquire com o próprio trabalho, existem direitos que não são correlativos a qualquer obra por ele realizada, mas derivam da sua dignidade essencial de pessoa.

---

38. CONC. ECUM. VAT. II, Const. past. sobre a Igreja no mundo *Gaudium et spes,* 24.

CAPÍTULO II

RUMO
ÀS "COISAS NOVAS" DE HOJE

12. A comemoração da Rerum novarum não seria adequada, se não olhasse também à situação de hoje. Já no seu conteúdo, o Documento se presta a uma tal consideração, porque o quadro histórico e as previsões, aí delineadas, se revelam, à luz de quanto aconteceu no período sucessivo, surpreendentemente exatas.

Isto foi confirmado de modo particular pelos acontecimentos dos últimos meses do ano de 1989 e dos primeiros de 1990. Estes e as conseqüentes transformações radicais só se explicam com base nas situações anteriores, que em certa medida tinham materializado e institucionalizado as previsões de Leão XIII e os sinais, cada vez mais inquietantes, observados pelos seus sucessores. Aquele Pontífice, com efeito, previa as conseqüências negativas, sobre todos os aspectos — político, social e econômico — de uma organização da sociedade, tal como a propunha o "socialismo", que então estava ainda no estado de filosofia social e de movimento mais ou menos estruturado. Alguém poderia admirar-se do fato de que o Papa começasse pelo "socialismo", a crítica das soluções que se davam à "questão operária", quando ele ainda não se apresentava — como depois aconteceu — sob a forma de um Estado forte e poderoso, com todos os recursos à disposição. Todavia Leão XIII mediu bem o perigo que representava, para as massas, a apresentação atraente de uma solução tão simples quão radical da "questão operária". Isto torna-se tanto mais verdadeiro se se considera em função da pavorosa situação de injustiça em que jaziam as massas proletárias, nas Nações há pouco industrializadas.

Ocorre aqui sublinhar duas coisas: por um lado, a extraordinária lucidez na apreensão, em toda a sua crueza, da verdadeira condição dos proletários, homens, mulheres e crianças; por outro lado, a não menor clareza com que intuiu o mal de uma solução que, sob a aparência de uma inversão das posições de pobres e ricos, redundava de fato em detrimento daqueles mesmos que se propunha ajudar. O remédio revelar-se-ia pior que a doença. Individuando a natureza do socialismo de então, como sendo a supressão da propriedade privada, Leão XIII atingia o fundo da questão.

As suas palavras merecem ser relidas com atenção: "Para remediar este mal (a injusta distribuição das riquezas e a miséria dos proletários), os socialistas excitam, nos pobres, o ódio contra os ricos, e defendem que a propriedade privada deve ser abolida, e os bens de cada um tornarem-se comuns a todos (...), mas esta teoria, além de não resolver a questão, acaba por prejudicar os próprios operários, e é até injusta por muitos motivos, já que vai contra os direitos dos legítimos proprietários, falseia as funções do Estado, e subverte toda a ordem social".[39] Não se poderia indicar melhor os males derivados da instauração deste tipo de socialismo como sistema de Estado: aquele tomaria o nome de "socialismo real".

39. Carta Enc. *Rerum novarum, l. c.*, 99.

13. Aprofundando agora a reflexão delineada, e fazendo ainda referência ao que foi dito nas Encíclicas *Laborem exercens* e *Sollicitudo rei socialis,* é preciso acrescentar que o erro fundamental do socialismo é de caráter antropológico. De fato, ele considera cada homem simplesmente como um elemento e uma molécula do organismo social, de tal modo que o bem do indivíduo aparece totalmente subordinado ao funcionamento do mecanismo econômico-social, enquanto, por outro lado, defende que esse mesmo bem se pode realizar prescindindo da livre opção, da sua única e exclusiva decisão responsável em face do bem ou do mal. O homem é reduzido a uma série de relações sociais, e desaparece o conceito de pessoa como sujeito autônomo de decisão moral, que constrói, através dessa decisão, o ordenamento social. Desta errada concepção da pessoa, deriva a distorção do direito, que define o âmbito do exercício da liberdade, bem como a oposição à propriedade privada. O homem, de fato, privado de algo que possa "dizer seu" e da possibilidade de ganhar com que viver por sua iniciativa, acaba por depender da máquina social e daqueles que a controlam, o que lhe torna muito mais difícil reconhecer a sua dignidade de pessoa e impede o caminho para a constituição de uma autêntica comunidade humana.

Pelo contrário, da concepção cristã da pessoa segue-se necessariamente uma justa visão da sociedade. Segundo a *Rerum novarum* e toda a doutrina social da Igreja, a sociabilidade do homem não se esgota no Estado, mas realiza-se em diversos aglomerados intermédios, desde a família até aos grupos econômicos, sociais, políticos e culturais, os quais, provenientes da própria natureza humana, estão dotados — subordinando-se sempre ao bem comum da sua própria autonomia. É o que designei de "subjetividade" da sociedade, que foi anulada pelo "socialismo real".[40] Se se questiona ulteriormente onde nasce aquela errada concepção da natureza da pessoa e da subjetividade da sociedade, é necessário responder que a sua causa primeira é o ateísmo. É na resposta ao apelo de Deus, contido no ser das coisas, que o homem toma consciência da sua dignidade transcendente. Cada homem deve dar esta resposta, na qual se encontra o clímax da sua humanidade, e nenhum mecanismo social ou sujeito coletivo o pode substituir. A negação de Deus priva a pessoa do seu fundamento e conseqüentemente induz a reorganizar a ordem social, prescindido da dignidade e responsabilidade da pessoa.

O referido ateísmo está, aliás, estritamente conexo com o racionalismo iluminístico, que concebe a realidade humana e social do homem, de maneira mecanicista. Nega-se deste modo a intuição última sobre a verdadeira grandeza do homem, a sua transcendência relativamente ao mundo das coisas, a contradição que percebe no seu coração entre o desejo de uma plenitude de bem e a própria incapacidade de o conseguir e, sobretudo, a necessidade da salvação que daí deriva.

14. Da mesma raiz ateísta, deriva ainda a escolha dos meios de ação, própria do socialismo, que é condenada na *Rerum novarum*. Trata-se da luta de classes. O Papa — entenda-se! — não pretende condenar toda e qualquer forma de conflitualidade social. A Igreja sabe bem que, ao longo da história, os conflitos de interesses entre diversos grupos sociais surgem ine-

---

40. Cf. Carta Enc. *Sollicitudo rei socialis*, 15; 28: *l. c.*, 530; 548 ss.

vitavelmente, e que, perante eles, o cristão deve muitas vezes tomar posição decidida e coerentemente. A Encíclica *Laborem exercens*, aliás, reconheceu claramente o papel positivo do conflito, quando ele se configura como "luta pela justiça social";[41] e na *Quadragesimo anno* escrevia-se: "com efeito, a luta de classes, quando se abstém dos atos de violência e do ódio mútuo, transforma-se pouco a pouco numa honesta discussão, fundada na busca da justiça".[42]

O que se condena na luta de classes é principalmente a idéia de um conflito que não é limitado por considerações de caráter ético ou jurídico, que se recusa a respeitar a dignidade da pessoa no outro (e, por conseqüência, em si próprio), que exclui por isso um entendimento razoável, e visa não já a formulação do bem geral da sociedade inteira, mas sim o interesse de uma parte que se substitui ao bem comum e quer destruir o que se lhe opõe. Trata-se, numa palavra, da representação — no terreno do confronto interno entre os grupos sociais — da doutrina da "guerra total", que o militarismo e o imperialismo daquela época impunham no âmbito das relações internacionais. Tal doutrina substituía a procura do justo equilíbrio entre os interesses das diversas Nações, pela prevalência absoluta da posição da própria parte, mediante a destruição da resistência da parte contrária, destruição realizada com todos os meios, sem excluir o uso da mentira, o terror contra os civis, as armas de extermínio, que naqueles anos começavam a ser projetadas. Luta de classes em sentido marxista e militarismo têm,

---

41. Cf. Carta Enc. *Laborem exercens*, 11-15: *l. c.*, 602-618.
42. PIO XI, Carta Enc. *Quadragesimo anno*, III, *l. c.*, 213.

portanto, a mesma raiz: o ateísmo e o desprezo da pessoa humana, que fazem prevalecer o princípio da força sobre o da razão e do direito.

15. A *Rerum novarum* opõe-se à coletivização pelo Estado dos meios de produção, que reduziria cada cidadão a uma "peça" na engrenagem da máquina do Estado. Igualmente critica uma concepção do Estado que deixe totalmente a esfera da economia fora do seu campo de interesse e de ação. Existe com certeza uma legítima esfera de autonomia do agir econômico, onde o Estado não deve entrar. Compete a este, porém, a tarefa de determinar o enquadramento jurídico dentro do qual se desenrolem os relacionamentos econômicos, e de salvaguardar deste modo as condições primárias de uma livre economia, que pressupõe uma certa igualdade entre as partes, de modo que uma delas não seja de tal maneira mais poderosa que a outra que praticamente a possa reduzir à escravidão.[43]

A este propósito, a *Rerum novarum* aponta o caminho de justas reformas, que restituam ao trabalho a sua dignidade de livre atividade do homem. Aquelas implicam uma tomada de posição responsável por parte da sociedade e do Estado, tendente sobretudo a defender o trabalhador contra o pesadelo do desemprego. Isto verificou-se historicamente de dois modos convergentes: ou com políticas econômicas, visando assegurar o crescimento equilibrado e a condição de pleno emprego; ou com os seguros de desemprego e com políticas de requalificação profissional capazes de facilitar a passagem dos trabalhadores dos setores em crise para outros em expansão.

43. Cf. Carta Enc. *Rerum novarum, l. c.,* 121-125.

Além disso, a sociedade e o Estado devem assegurar níveis salariais adequados ao sustento do trabalhador e da sua família, inclusive com uma certa margem de poupança. Isto exige esforços para dar aos trabalhadores conhecimentos e comportamentos melhores, capazes de tornar o seu trabalho mais qualificado e produtivo; mas requer também uma vigilância assídua e adequadas medidas legislativas para truncar fenômenos vergonhosos de desfrutamento, com prejuízo sobretudo dos trabalhadores mais débeis, imigrantes ou marginalizados. Decisiva, neste setor, é a função dos sindicatos, que ajustam os mínimos salariais e as condições de trabalho.

Por último, é necessário garantir o respeito de horários "humanos" de trabalho e de repouso, bem como o direito de exprimir a própria personalidade no lugar de trabalho, sem serem violados seja de que modo for na própria consciência ou dignidade. Faz-se apelo de novo aqui ao papel dos sindicatos não só como instrumentos de contratação, mas também como "lugares" de expressão da personalidade dos trabalhadores: aqueles servem para o desenvolvimento de uma autêntica cultura do trabalho e ajudam os trabalhadores a participarem de modo plenamente humano na vida da empresa.[44]

Para a realização destes objetivos, o Estado deve concorrer tanto direta como indiretamente. Indiretamente e segundo *o princípio de subsidiariedade,* crian-

---

44. Cf. Carta Enc. *Laborem exercens,* 20: *l. c.,* 629-632; Discurso à Organização Internacional do Trabalho (O.I.T.) em Genebra (15 de Junho de 1982): *Insegnamenti* V/2 (1982), 2250-2266; PAULO VI, Discurso à O.I.T. (10 de Junho de 1969): *AAS* 61 (1969) 491-502.

do as condições favoráveis ao livre exercício da atividade econômica, que leve a uma oferta abundante de postos de trabalho e de fontes de riqueza. Diretamente e segundo o *princípio de solidariedade,* pondo, em defesa do mais débil, algumas limitações à autonomia das partes, que decidem as condições de trabalho, e assegurando em todo o caso um mínimo de condições de vida ao desempregado.[45]

A Encíclica e o Magistério social, a ela conexo, tiveram uma múltipla influência naqueles anos entre os séculos XIX e XX. Essa influência é visível em numerosas reformas introduzidas nos setores da previdência social, das pensões, dos seguros contra a doença, da prevenção de acidentes, no quadro de um maior respeito dos direitos dos trabalhadores.[46]

16. Tais reformas foram, em parte, realizadas pelos Estados, mas, na luta para as obter, desempenhou um importante papel *a ação do Movimento operário.* Nascido como reação da consciência moral contra situações de injustiça e de dano, ele desenvolveu um vasto campo de atividade sindical, reformista, distante das utopias da ideologia e mais próxima às carências cotidianas dos trabalhadores e, neste âmbito, os seus esforços juntaram-se muitas vezes aos dos cristãos para obter o melhoramento humano das condições de vida dos trabalhadores. Logo a seguir, tal Movimento foi, em certa medida, dominado por aquela mesma ideologia marxista, contra a qual se dirigia a *Rerum novarum.*

---

45. Cf. Carta Enc. *Laborem exercens,* 8: *l. c.,* 594-598.
46. Cf. PIO XI, Carta Enc. *Quadragesimo anno, l. c.,* 178-181.

Essas mesmas reformas foram também o resultado de um *processo livre de auto-organização da sociedade*, com a criação de instrumentos eficazes de solidariedade, capazes de sustentar um crescimento econômico mais respeitador dos valores da pessoa. Recorde-se aqui a multiforme atividade, com um notável contributo dos cristãos, na fundação de cooperativas de produção, de consumo e de crédito, na promoção da instrução popular e formação profissional, na experimentação de várias formas de participação na vida da empresa e, em geral, da sociedade.

Se, portanto, olhando ao passado, há motivo para agradecer a Deus porque a grande Encíclica não ficou privada de ressonância nos corações e impeliu a uma ativa generosidade, todavia é preciso reconhecer o fato de que o anúncio profético, nela contido, não foi cabalmente acolhido pelos homens daquele tempo, e precisamente dessa atitude vieram desgraças muito graves.

17. Lendo a Encíclica, em conexão com todo o rico Magistério leonino,[47] nota-se como ela indica fundamentalmente as conseqüências, no terreno econômico-social, de um erro de muito mais vastas dimensões. O erro, como se disse, consiste numa concepção da liberdade humana que a desvincula da obediência à verdade e, por conseguinte, também ao dever de respeitar os direitos dos outros. O conteúdo da liberdade

---

47. Cf. Epist. Enc. *Arcanum divinae sapientiae* (10 de Fevereiro de 1880): *Leonis XIII P. M. Acta*, II, Roma 1882, 10-40; Epist. Enc. *Diuturnum illud* (29 de Junho de 1881): *l. c.*, 269-287; Epist. Enc. *Immortale Dei* (1 de Novembro de 1885): *Leonis XIII P. M. Acta*, V (Roma 1886) 118-150; Carta Enc. *Sapientiae Christianae* (10 de Janeiro de 1890): *Leonis XIII P. M. Acta*, X (Roma 1891) 10-41; Epist. Enc. *Quod Apostolici muneris* (28 de Dezembro de 1878): *Leonis XIII P. M. Acta*, I (Roma 1881) 170-183; Carta Enc. *Libertas praestantissimum* (20 de Junho de 1888): *l. c.*, 212-246.

reduz-se então ao amor de si próprio, até chegar ao desprezo de Deus e do próximo, amor que conduz à afirmação ilimitada do interesse próprio, sem se deixar conter por qualquer obrigação de justiça.[48]

Este erro atingiu as suas conseqüências extremas no trágico ciclo das guerras que revolveram a Europa e o mundo entre 1914 e 1945. Foram guerras ditadas pelo militarismo e pelo nacionalismo exacerbado, e pelas formas de totalitarismo a esses ligadas, e guerras derivadas da luta de classes, guerras civis e ideológicas. Sem a terrível carga de ódio e rancor, acumulada por causa de tanta injustiça quer a nível internacional quer a nível da injustiça social interna de cada Estado, não seriam possíveis guerras de tamanha ferocidade em que foram investidas as energias de grandes Nações, em que não se hesitou em violar os direitos humanos mais sagrados, e foi planificado e executado o extermínio de povos e grupos sociais inteiros. Recorde-se aqui, em particular, o povo hebreu, cujo destino terrível se tornou um símbolo da aberração a que pode chegar o homem, quando se volta contra Deus.

Todavia o ódio e a injustiça só se apoderam de inteiras Nações e fazem-nas entrar em ação, quando são legitimados e organizados por ideologias que se fundamentam mais naqueles do que na verdade do homem.[49] A *Rerum novarum* combatia as ideologias do ódio e indicava os caminhos para destruir a violência e o rancor, mediante a justiça. Possa a memória des-

---

48. Cf. LEÃO XIII, Carta Enc. *Libertas praestantissimum, l. c.*, 224-226.
49. Cf. Mensagem para o Dia Mundial da Paz 1980: *AAS* 71 (1979) 1572-1580.

ses terríveis acontecimentos guiar as ações dos homens e, de modo particular, dos dirigentes dos povos no nosso tempo, em que outras injustiças alimentam novos ódios e se desenham no horizonte novas ideologias que exaltam a violência.

18. É verdade que, desde 1945, as armas silenciam no Continente europeu; mas a verdadeira paz — deve-se lembrar — nunca é o resultado da vitória militar, mas implica o superamento das causas da guerra e a autêntica reconciliação entre os povos. Durante muitos anos, de fato, houve, na Europa e no mundo, mais uma situação de não-guerra do que de páz verdadeira. Metade do Continente caiu sob o domínio da ditatura comunista, enquanto a outra metade se organizava para se defender contra tal perigo. Muitos povos perdem o poder de dispor de si próprios, vêem-se encerrados nos limites sufocantes de um império, enquanto se procura destruir a sua memória histórica e a raiz secular da sua cultura. Multidões enormes são forçadas a abandonar a sua terra e violentamente deportadas.

Uma corrida louca aos armamentos absorve os recursos necessários para um equilibrado progresso das economias internas e para auxílio às Nações mais desfavorecidas. O progresso científico e tecnológico, que deveria contribuir para o bem-estar do homem, acaba transformado num instrumento de guerra: ciência e técnica são usadas para produzir armas cada vez mais aperfeiçoadas e destrutivas, enquanto a uma ideologia, que não passa de uma perversão da autêntica filosofia, se pede que forneça justificações doutrinais para a nova guerra. E esta não é apenas temida e preparada, mas é combatida, com enorme derramamento de sangue, em várias partes do mundo. A lógica dos blocos ou impérios, já denunciada nos diversos Documentos da Igreja, sendo o mais recente a Encíclica *Sollicitudo rei socialis*,[50] faz com que todas as controvérsias e discórdias, que surgem nos Países do Terceiro Mundo, sejam sistematicamente incrementadas e aproveitadas para criar dificuldades ao adversário.

Os grupos extremistas, que procuram resolver tais controvérsias com as armas, encontram facilmente apoios políticos e militares, são armados e adestrados para a guerra, enquanto aqueles que se esforçam por encontrar soluções pacíficas e humanas, no respeito dos legítimos interesses de todas as partes, permanecem isolados e muitas vezes caem vítima dos seus adversários. Mesmo a militarização de tantos Países do "Terceiro Mundo" e as lutas fratricidas que os atormentaram, a difusão do terrorismo e de meios cada vez mais bárbaros de luta político-militar, encontram uma das suas causas primárias na paz precária que se seguiu à II Guerra Mundial. Sobre todo o mundo, enfim, grava a ameaça de uma guerra atômica, capaz de levar à extinção da humanidade. A ciência, usada para fins militares, pôs à disposição do ódio, incrementado pelas ideologias, o instrumento decisivo. Mas a guerra pode terminar sem vencedores nem vencidos num suicídio da humanidade, e então é necessário rejeitar a lógica que a ela conduz, ou seja, a idéia de que a luta pela destruição do adversário, a contradição e a própria guerra são fatores de progresso e avanço da história.[51] Quando se compreende a necessidade

---

50. Cf. Carta Enc. *Sollicitudo rei socialis*, 20: *l. c.*, 536 s.
51. Cf. JOÃO XXIII, Carta Enc. *Pacem in terris* (11 de Abril de 1963), III: *AAS* 55 (1963) 286-289.

dessa rejeição, devem necessariamente entrar em crise quer a lógica da "guerra total" quer a da "luta de classes".

19. No fim da II Guerra Mundial, porém, um tal desenvolvimento está ainda em formação nas consciências, e o dado mais saliente é o estender-se do totalitarismo comunista sobre mais de metade da Europa e parte do mundo. A guerra, que deveria restituir a liberdade aos indivíduos e restaurar os direitos dos povos, terminou sem ter conseguido estes fins; pelo contrário, acabou de um modo que, para muitos povos, especialmente para aqueles que mais tinham sofrido, abertamente os contradiz. Pode-se dizer que a situação criada deu lugar a diversas respostas.

Em alguns Países, e sob alguns aspectos, assiste-se a um esforço positivo para reconstruir, depois das destruições da guerra, uma sociedade democrática e inspirada na justiça social, a qual priva o comunismo do potencial revolucionário, constituído por multidões exploradas e oprimidas. Estas tentativas procuram em geral preservar os mecanismos do livre mercado, assegurando através da estabilidade da moeda e da firmeza das relações sociais, as condições de um crescimento econômico estável e sadio, no qual as pessoas, com o seu trabalho, podem construir um futuro melhor para si e para os próprios filhos. Simultaneamente, estes países procuram evitar que os mecanismos de mercado sejam o único termo de referência da vida associada e tendem a submetê-los a um controle público que faça valer o princípio do destino comum dos bens da terra. Uma certa abundância de ofertas de trabalho, um sólido sistema de segurança social e de acesso profissional, a liberdade de associação e a ação incisiva do sindicato, a previdência em caso de desemprego, os instrumentos de participação democrática na vida social, neste contexto, deveriam subtrair o trabalho da condição de "mercadoria" e garantir a possibilidade de realizá-lo com dignidade.

Existem, depois, outras forças sociais e movimentos de idéias que se opõem ao marxismo com a construção de sistemas de "segurança nacional", visando controlar de modo capilar toda a sociedade, para tornar impossível a infiltração marxista. Exaltando e aumentando o poder do Estado, elas pretendem preservar o seu povo do comunismo; mas, fazendo isso, correm o grave risco de destruir aquela liberdade e aqueles valores da pessoa, em nome dos quais é preciso opor-se àquele.

Outra forma de resposta prática, enfim, está representada pela sociedade do bem-estar, ou sociedade do consumo. Ela tende a derrotar o marxismo no terreno de um puro materialismo, mostrando como uma sociedade de livre mercado pode conseguir uma satisfação mais plena das necessidades materiais humanas que a defendida pelo comunismo, e excluindo igualmente os valores espirituais. Na verdade, se por um lado é certo que este modelo social mostra a falência do marxismo ao construir uma sociedade nova e melhor, por outro lado, negando a existência autônoma e o valor da moral, do direito, da cultura e da religião, coincide com ele na total redução do homem à esfera do econômico e da satisfação das necessidades materiais.

20. No mesmo período, desenvolve-se um grandioso processo de "descolonização", pelo qual numero-

sos Países adquirem ou reconquistam a independência e o direito de disporem livremente de si. Com a aquisição formal da soberania estatal, porém, estes Países muitas vezes estão apenas no início do caminho para a construção de uma autêntica independência. De fato, setores decisivos da economia permanecem ainda nas mãos de grandes empresas estrangeiras, que recusam ligar-se estavelmente ao progresso do País que as acolhe, e a própria vida política é controlada por forças estrangeiras, enquanto, dentro das fronteiras do Estado, convivem grupos tribais, ainda não amalgamados numa autêntica comunidade nacional. Falta, além disso, uma classe de profissionais competentes, capazes de fazer funcionar de modo honesto e normal o aparelho do Estado, e não existem também os quadros para uma eficiente e responsável gestão da economia.

Dada a situação, a muitos parece que o comunismo poderia oferecer como que um atalho para a edificação da Nação e do Estado, e nascem, por isso, diversas variantes do socialismo com um caráter nacional específico. Misturam-se assim, nas múltiplas ideologias que acabam por se formar, em proporções variáveis, exigências legítimas de salvação nacional, formas de nacionalismo e de militarismo, princípios vindos de antigas tradições populares, por vezes conformes à doutrina social cristã, e conceitos do marxismo-leninismo.

21. Recorde-se, enfim, como, depois da II Guerra Mundial e mesmo por reação aos seus erros, se difundiu um sentimento mais vivo dos direitos humanos, que foi reconhecido em diversos Documentos

internacionais,[52] e na elaboração, poder-se-ia dizer, de um novo "direito dos povos", a que a Santa Sé deu constante contributo. Fulcro desta evolução foi a Organização das Nações Unidas. Cresceu não só a consciência do direito dos indivíduos, mas também a dos direitos das Nações, enquanto se adverte mais claramente a necessidade de atuar para sanar os graves desequilíbrios entre as diversas áreas do mundo, o que transferiu, em certo sentido, o centro da questão social do âmbito nacional para o nível internacional.[53]

Ao registrar, com satisfação, um tal processo, não se pode todavia silenciar o fato de que o balanço geral das diversas políticas de auxílio ao desenvolvimento não é sempre positivo. Além disso, as Nações Unidas ainda não conseguiram construir instrumentos eficazes, alternativos à guerra, na solução dos conflitos internacionais, e este parece ser o problema mais urgente que a comunidade internacional tem para resolver.

---

52. Cf. Declaração Universal dos Direitos do Homem, de 1948; JOÃO XXIII, Carta Enc. *Pacem in terris*, IV: *l. c.*, 291-296; "Acta Final" da Conferência de Segurança e Cooperação Européia (CSCE), Helsínquia, 1975.
53. Cf. PAULO VI, Carta Enc. *Populorum progressio* (26 de Março de 1967) 61-65: *AAS* 59 (1967) 287-289.

CAPÍTULO III

O ANO 1989

22. Partindo da situação mundial que acabamos de descrever, e que aparece já exposta na Encíclica *Sollicitudo rei socialis,* é que se compreende bem o inesperado e promissor alcance dos fatos dos últimos anos. O seu ponto mais alto é constituído pelos acontecimentos de 1989, nos Países da Europa central e oriental, mas eles abraçam um arco de tempo e um horizonte geográfico mais amplo. No decurso do anos '80, caem progressivamente certos regimes ditatoriais e opressivos em alguns Países da América Latina, e também da África e da Ásia. Noutros casos, inicia-se um difícil, mas fecundo caminho de transição para formas políticas mais participativas e mais justas. Contributo importante, mesmo decisivo, veio do empenho da Igreja na defesa e promoção dos direitos do homem: em ambientes fortemente ideologizados, onde a filiação partidária ofuscava o sentimento da dignidade humana comum, a Igreja, com simplicidade e coragem afirmou que todo o homem, — sejam quais forem as suas convições pessoais — traz gravada em si a imagem de Deus e, por isso, merece respeito. Com esta afirmação, muitas vezes se identificou a grande maioria do povo, o que levou à procura de formas de luta e de soluções políticas mais respeitadoras da dignidade da pessoa.

Deste processo histórico, emergiram novas formas de democracia, que oferecem a esperança de uma alteração nas frágeis estruturas políticas e sociais, agravadas pela hipoteca de uma penosa série de injustiças e rancores, além de uma economia desastrosa e de duros conflitos sociais. Ao mesmo tempo que, com toda a Igreja, agradeço a Deus o testemunho, muitas vezes heróico, que tantos Pastores, comunidades cristãs, simples fiéis e outros homens de boa vontade deram nessas difíceis circunstâncias, suplico-lhe que ampare os esforços para construir um futuro melhor. Este constitui uma responsabilidade não só dos cidadãos desses Países, mas de todos os cristãos e dos homens de boa vontade. Trata-se de mostrar que os complexos problemas de tais povos obtêm melhor resolução pelo método do diálogo e da solidariedade, do que pela luta até à destruição do adversário, e pela guerra.

23. De entre os numerosos fatores que concorreram para a queda dos regimes opressivos, alguns merecem uma referência particular. O fator decisivo, que desencadeou as mudanças, é certamente a violação dos direitos do trabalho. Não se pode esquecer que a crise fundamental dos sistemas, que pretendem exprimir o governo ou, melhor, a ditadura do proletariado, inicia com os grandes movimentos verificados na Polônia, em nome da solidariedade. São as multidões dos trabalhadores a tornar ilegítima a ideologia, que presume falar em nome deles, a reencontrar e quase redescobrir expressões e princípios da doutrina social da Igreja, a partir da experiência difícil do trabalho e da opressão que viveram.

Merece, portanto, ser sublinhado o fato de, quase por todo o lado, se ter chegado à queda de semelhante "bloco" ou império, através de uma luta pacífica que lançou mão apenas das armas da verdade e da justiça. Enquanto o marxismo defendia que somente extremando as contradições sociais, através do embate violento, seria possível chegar à sua solução, as lutas que conduziram ao derrube do marxismo insistem com tenácia em tentar todas as vias da negociação, do diálogo, do testemunho da verdade, fazendo apelo à consciência do adversário e procurando despertar nele o sentido da dignidade humana comum.

Parecia que a configuração européia, saída da segunda guerra mundial e consagrada no *Tratado de Yalta,* só poderia ser abalada por outra guerra. Pelo contrário, foi superada pelo empenho não violento de homens que sempre se recusaram a ceder ao poder da força, e ao mesmo tempo souberam encontrar aqui e ali formas eficazes para dar testemunho da verdade. Isto desarmou o adversário, porque a violência sempre tem necessidade de se legitimar com a mentira, ou seja, de assumir, mesmo se falsamente, o aspecto da defesa de um direito ou de resposta a uma ameaça de outrem.[54] Agradeço a Deus ainda por ter sustentado o coração dos homens durante o tempo da difícil prova, e pedimos-lhe que um tal exemplo possa valer em outros lugares e circunstâncias. Que os homens aprendam a lutar pela justiça sem violência, renunciando tanto à luta de classes nas controvérsias internas, como à guerra nas internacionais.

24. O segundo fator de crise é com certeza a ineficácia do sistema econômico, que não deve ser considerada apenas como um problema técnico, mas sobretudo como conseqüência da violação dos direitos huma-

---

54. Cf. Mensagem para o Dia Mundial da Paz 1980: *l. c.,* 1572-1580.

nos à iniciativa, à propriedade e à liberdade no setor da economia. A este aspecto, está ainda associada a dimensão cultural e nacional: não é possível compreender o homem, partindo unilateralmente do setor da economia, nem ele pode ser definido simplesmente com base na sua inserção de classe. A compreensão do homem torna-se mais exaustiva, se o virmos enquadrado na esfera da cultura, através da linguagem, da história e das posições que ele adota diante dos acontecimentos fundamentais da existência, tais como o nascimento, o amor, o trabalho, a morte. No centro de cada cultura, está o comportamento que o homem assume diante do mistério maior: o mistério de Deus. As culturas das diversas Nações constituem fundamentalmente modos diferentes de enfrentar a questão sobre o sentido da existência pessoal: quando esta questão é eliminada, corrompem-se a cultura e a vida moral das Nações. Por isso, a luta pela defesa do trabalho une-se espontaneamente a esta, a favor da cultura e dos direitos nacionais.

A verdadeira causa das mudanças, porém, está no vazio espiritual provocado pelo ateísmo, que deixou as jovens gerações privadas de orientação e induziu-as em diversos casos, devido à irreprimível busca da própria identidade e do sentido da vida, a redescobrir as raízes religiosas da cultura das suas Nações e a própria pessoa de Cristo, como resposta existencialmente adequada ao desejo de bem, de verdade, e de vida que mora no coração de cada homem. Esta procura encontrou guia e apoio no testemunho de quantos, em circunstâncias difíceis e até na perseguição, permaneceram fiéis a Deus. O marxismo tinha prometido desenraizar do coração do homem a necessidade de Deus, mas os resultados demonstram que não é possível conseguí-lo sem desordenar o coração.

25. Os fatos de '89 oferecem o exemplo do sucesso da vontade de negociação e do espírito evangélico, contra um adversário decidido a não se deixar vincular por princípios morais: eles são uma advertência para quantos, em nome do realismo político, querem banir o direito e a moral da arena política. É certo que a luta, que levou às mudanças de '89, exigiu lucidez, moderação, sofrimentos e sacrifícios; em certo sentido, aquela nasceu da oração, e teria sido impensável sem uma confiança ilimitada em Deus, Senhor da história, que tem nas suas mãos o coração dos homens. Só unindo o próprio sofrimento pela verdade e pela liberdade ao de Cristo na Cruz, é que o homem pode realizar o milagre da paz e discernir a senda freqüentemente estreita entre a covardia que cede ao mal, e a violência que, na ilusão de o estar a combater, ainda o agrava mais.

Todavia não é possível ignorar os inumeráveis condicionalismos, em que a liberdade do indivíduo se exerce: esses influenciam mas não determinam a liberdade; tornam mais ou menos fácil o seu exercício, mas não a podem destruir. Não é lícito do ponto de vista ético nem praticável menosprezar a natureza do homem que está feito para a liberdade. Na sociedade onde a sua organização reduz arbitrariamente ou até suprime a esfera em que a liberdade legitimamente se exerce, o resultado é que a vida social progressivamente se desorganiza e definha.

Além disso, o homem, criado para a liberdade, leva em si a ferida do pecado original, que continuamente o atrai para o mal e o torna necessitado de redenção. Esta doutrina é não só *parte integrante da Revelação cristã,* mas tem também um grande valor hermenêutico, enquanto ajuda a compreender a realidade humana. O homem tende para o bem, mas é igualmente capaz do mal; pode transcender o seu interesse imediato, e contudo permanecer ligado a ele. A ordem social será tanto mais sólida, quanto mais tiver em conta este fato e não contrapuser o interesse pessoal ao da sociedade no seu todo, mas procurar modos para a sua coordenação frutuosa. Com efeito, onde o interesse individual é violentamente suprimido, acaba substituído por um pesado sistema de controle burocrático, que esteriliza as fontes da iniciativa e criatividade. Quando os homens julgam possuir o segredo de uma organização social perfeita que torne o mal impossível, consideram também poder usar todos os meios, inclusive a violência e a mentira, para a realizar. A política torna-se então uma "religião secular", que se ilude de poder construir o Paraíso neste mundo. Mas qualquer sociedade política, que possui a sua própria autonomia e as suas próprias leis,[55] nunca poderá ser confundida com o Reino de Deus. A parábola evangélica da boa semente e do joio (cf. *Mt* 13,24-30. 36-43) ensina que apenas a Deus compete separar os filhos do Reino e os filhos do Maligno, e que o julgamento terá lugar no fim dos tempos. Pretendendo antecipar o juízo para agora, o homem substitui-se a Deus e opõe-se à sua paciência.

Graças ao sacrifício de Cristo na Cruz, a vitória do Reino de Deus está garantida de uma vez para

---

55. Cf. CONC. ECUM. VAT. II, Const. past. sobre a Igreja no mundo *Gaudium et spes,* 36; 39.

sempre; todavia, a condição cristã comporta a luta contra as tentações e as forças do mal. Somente no fim da história é que o Senhor voltará glorioso para o juízo final (cf. *Mt* 25,31), com a instauração dos novos céus e da nova terra (cf. *2Pd* 3,13; *Ap* 21,1), mas, enquanto perdura o tempo, a luta entre o bem e o mal continua, mesmo no coração do homem.

O que a Sagrada Escritura nos ensina sobre os caminhos do Reino de Deus tem valor e incidência na vida das sociedades temporais, que — segundo quanto ficou dito — pertencem às realidades do tempo, com sua dimensão de imperfeito e provisório. O Reino de Deus presente *no* mundo sem ser *do* mundo, ilumina a ordem da sociedade humana, enquanto a força da graça a penetra e a vivifica. Assim notam-se melhor as exigências de uma sociedade digna do homem, são retificados os desvios, é reforçada a coragem do agir em favor do bem. A esta tarefa de animação evangélica das realidades humanas estão chamados, juntamente com todos os homens de boa vontade, os cristãos, e de modo especial os leigos.[56]

26. Os acontecimentos de '89 desenrolam-se prevalentemente nos Países da Europa oriental e central; têm todavia uma importância universal, já que deles provêm conseqüências positivas e negativas que interessam a toda a família humana. Tais conseqüências não se revestem de um caráter mecânico-fatalista, trata-se antes de ocasiões oferecidas à liberdade humana para colaborar com o desígnio misericordioso de Deus que atua na história.

---

56. Cf. Exort. Ap. *Christifideles laici* (30 de Dezembro de 1988), 32-44: *AAS* 81 (1989) 431-481.

A primeira conseqüência, em alguns Países, foi o *encontro entre a Igreja e o Movintento operário*, nascido de uma reação de ordem ética e explicitamente cristã, contra uma geral situação de injustiça. O referido Movimento, durante um século aproximadamente, esteve em parte sob a hegemonia do marxismo, na convicção de que, para lutar eficazmente contra a opressão, os proletários deveriam apropriar-se das teorias materialistas e economicistas.

Na crise do marxismo, ressurgem as formas espontâneas da consciência operária, que exprimem um pedido de justiça e reconhecimento da dignidade do trabalho, segundo a doutrina social da Igreja.[57] O Movimento operário insere-se numa movimentação mais geral dos homens do trabalho e dos homens de boa vontade a favor da libertação da pessoa humana e da afirmação dos seus direitos; aquele cresce hoje em muitos Países, e, longe de se contrapôr à Igreja Católica, olha-a com esperança.

A crise do marxismo não elimina as situações de injustiça e de opressão no mundo, das quais o próprio marxismo, instrumentalizando-as, tirava alimento. Àqueles que hoje estão à procura de uma nova e autêntica teoria e práxis de libertação, a Igreja oferece não só a sua doutrina social e, de um modo geral, o seu ensinamento acerca da pessoa redimida em Cristo, mas também o seu empenho concreto no combate da marginalização e do sofrimento.

Em passado recente, o desejo sincero de se colocar da parte dos oprimidos e de não ser lançado fora

---

57. Cf. Carta Enc. *Laborem exercens*, 20: *l. c.*, 629-632.

do curso da história induziu muitos crentes a procurar de diversos modos um compromisso impossível entre marxismo e cristianismo. O tempo presente, enquanto supera tudo o que havia de caduco nessas tentativas, convida a reafirmar a positividade de uma autêntica teologia da libertação humana integral.[58] Considerados sob este ponto de vista, os acontecimentos de 1989 revelam-se importantes também para os Países do "Terceiro Mundo", que estão à procura do caminho do seu desenvolvimento, num processo idêntico àqueles da Europa central e oriental.

27. A segunda conseqüência diz respeito aos povos da Europa. Muitas injustiças individuais e sociais, regionais e nacionais se cometeram nos anos em que dominava o comunismo, e mesmo antes; muitos ódios e rancores se acumularam. É real o perigo de que estes expludam de novo após a queda da ditadura, provocando graves conflitos e lutas, se diminuírem a tensão moral e a força consciente de prestar testemunho da verdade, que animaram os esforços do tempo passado. É de desejar que o ódio e a violência não triunfem nos corações, sobretudo daqueles que lutam pela justiça, e que cresça em todos o espírito de paz e de perdão.

São necessários, porém, passos concretos para criar ou consolidar estruturas internacionais, capazes de intervir numa arbitragem conveniente dos conflitos que se levantam entre as Nações, de modo que cada uma delas possa fazer valer os próprios direitos e alcançar um acordo justo e a pacífica composição com os

---

58. Cf. CONGR. PARA A DOUTR. DA FÉ, Instrução sobre a liberdade cristã e a libertação *Libertatis conscientia* (22 de Março de 1986): *AAS* 79 (1987) 554-599.

direitos das outras. Tudo isto se mostra particularmente necessário nas Nações européias, unidas intimamente entre si pelo vínculo da cultura comum e história milenária. Impõe-se um grande esforço para a reconstrução moral e econômica dos Países que abandonaram o comunismo. Durante muito tempo, as relações econômicas mais elementares foram distorcidas, e virtudes fundamentais ligadas ao setor da economia, tais como a veracidade, a confiança, a laboriosidade, foram descuradas. É precisa uma paciente renovação material e moral, enquanto os povos, esgotados por longas privações, pedem aos seus governantes resultados tangíveis e imediatos de bem-estar e satisfação adequada das suas legítimas aspirações.

A queda do marxismo teve naturalmente efeitos de grande alcance no referente à divisão da terra em mundos fechados e em ciosa concorrência entre si. Ela faz sobressair mais claramente a realidade da interdependência dos povos, bem como o fato de o trabalho humano, por sua natureza, estar destinado a unir os povos, e não a dividi-los. A paz e a prosperidade, de fato, são bens que pertencem, por natureza, a todo o gênero humano, de tal modo que não é possível gozar deles de forma correta e duradoura, se forem obtidos e conservados em prejuízo de outros povos e Nações, violando os seus direitos, ou excluindo-os das fontes do bem-estar.

28. De certo modo, em alguns Países da Europa, tem início agora o verdadeiro pós-guerra. A reorganização radical das economias, até há pouco coletivizadas, comporta problemas e sacrifícios, que podem ser comparados àqueles que os Países ocidentais do Continente se impuseram para a sua reconstrução após o

segundo conflito mundial. É justo que, nas dificuldades presentes, os Países ex-comunistas sejam sustentados pelo esforço solidário das outras Nações: obviamente aqueles devem ser os primeiros artífices do próprio progresso; mas deve-lhes ser dada uma razoável oportunidade de o realizar, o que só pode acontecer com a ajuda dos outros Países. De resto, a presente condição de dificuldades e de necessidade é conseqüência de um processo histórico do qual os países ex-comunistas foram freqüentemente objeto, e não sujeito: encontram-se, por isso, em tal situação não por livre escolha ou por causa de erros cometidos, mas em conseqüência de trágicos eventos históricos, impostos pela violência, impedindo-os de prosseguir ao longo da estrada do desenvolvimento econômico e civil.

O auxílio dos outros Países, em particular da Europa, que tomaram parte na mesma história e por ela respondem, equivale a um débito de justiça. Mas corresponde também ao interesse e ao bem geral da Europa, que não poderá viver em paz, se os mais diversos conflitos resultantes do passado se agudizarem ainda mais por uma situação de desordem econômica, de insatisfação e desespero espiritual.

Esta exigência, porém, não deve levar a diminuir os esforços de apoio e ajuda aos Países do "Terceiro Mundo", que muitas vezes sofrem condições de carência e pobreza bastante mais graves.[59] Será necessário um extraordinário esforço para mobilizar os recursos, de que o mundo no seu todo não está privado, em

---

59. Cf. Discurso na Sede do Conselho da C.E.A.O., por ocasião do X aniversário do "Apelo a favor do Sahel" (Ouagadougou, Burkina Faso, 29 de Janeiro de 1990): *AAS* 82 (1990) 816-821.

ordem a objetivos de crescimento econômico e desenvolvimento comum, redefinindo as prioridades e as escalas de valores, que estão servindo de base para decidir as opções econômicas e políticas. Imensos recursos podem tornar-se disponíveis, com a desarticulação dos enormes arsenais militares, construídos para o conflito entre o Leste e o Oeste. Aqueles poder-se-ão tornar ainda maiores, se se conseguir estabelecer processos seguros de alternativa à guerra para a solução dos conflitos, e difundir, portanto, o princípio do controle e da redução dos armamentos, mesmo nos Países do "Terceiro Mundo", adotando oportunas medidas contra o seu comércio.[60] Mas sobretudo será necessário abandonar uma mentalidade que considera os pobres — pessoas e povos — como um fardo e como importunos maçadores, que pretendem consumir tudo o que os outros produziram. Os pobres pedem o direito de participar no usufruto dos bens materiais e de fazer render a sua capacidade de trabalho, criando assim um mundo mais justo e mais próspero para todos. A elevação dos pobres é uma grande ocasião para o crescimento moral, cultural e até econômico da humanidade inteira.

29. Enfim, o progresso não deve ser entendido de modo exclusivamente econômico, mas num sentido integralmente humano.[61] Não se trata apenas de elevar todos os povos ao nível que hoje gozam somente os Países mais ricos, mas de construir no trabalho solidário uma vida mais digna, fazer crescer efetivamente

---

60. Cf. JOÃO XXIII, Carta Enc. *Pacem in terris*, III: *l. c.*, 286-288.
61. Cf. Carta Enc. *Sollicitudo rei socialis*, 27-28: *l. c.*, 547-550; PAULO VI, Carta Enc. *Populorum progressio*, 43-44: *l. c.*, 278 s.

a dignidade e a criatividade de cada pessoa, a sua capacidade de corresponder à própria vocação e, portanto, ao apelo de Deus. No ponto máximo do desenvolvimento, está o exercício do direito-dever de procurar Deus, de O conhecer e viver segundo tal conhecimento.[62] Nos regimes totalitários e autoritários, foi levado ao extremo o princípio do primado da força sobre a razão. O homem foi obrigado a suportar uma concepção da realidade imposta pela força, e não conseguida através do esforço da própria razão e do exercício da sua liberdade. É necessário abater aquele princípio e reconhecer integralmente *os direitos da consciência humana,* apenas ligada à verdade, seja natural ou revelada. No reconhecimento destes direitos, está o fundamento principal de toda a ordenação política autenticamente livre.[63] É importante reafirmar este princípio, por vários motivos:

a) porque as antigas formas de totalitarismo e autoritarismo não foram ainda completamente debeladas, existindo mesmo o risco de ganharem de novo vigor: isto apela a um renovado esforço de colaboração e de solidariedade entre todos os Países;

b) porque nos Países desenvolvidos, às vezes é feita uma excessiva propaganda dos valores puramente utilitários, com uma solicitação desenfreada dos instintos e das tendências ao prazer imediato, o que torna difícil o reconhecimento e o respeito da hierarquia dos verdadeiros valores da existência humana;

---

62. Cf. Carta Enc. *Sollicitudo rei socialis,* 29-31: *l. c.,* 550-556.
63. Cf. Acta de Helsínquia e Acordo de Viena; LEÃO XIII, Carta Enc. *Libertas praestantissimum, l. c.,* 215-217.

c) porque, em alguns Países, emergem novas formas de fundamentalismo religioso que, velada ou até abertamente, negam, aos cidadãos de crenças diversas daquela da maioria, o pleno exercício dos seus direitos civis ou religiosos, impedem-nos de entrar no debate cultural, restringem à Igreja o direito de pregar o Evangelho e o direito dos ouvintes dessa pregação, de a acolher e de se converterem a Cristo. Não é possível qualquer progresso autêntico sem o respeito do direito natural e originário mais basilar: o de conhecer a verdade e viver nela. A este direito está ligado, como seu exercício e aprofundamento, o direito de descobrir e de escolher livremente Jesus Cristo, que é o verdadeiro bem do homem.[64]

---

64. Cf. Carta Enc. *Redemptoris missio* (7 de Dezembro de 1990), 7: *L'Osservatore Romano* (23 de Janeiro de 1991).

CAPÍTULO IV

A PROPRIEDADE PRIVADA E O DESTINO UNIVERSAL DOS BENS

30. Na *Rerum novarum*, Leão XIII, com diversos argumentos, insistia fortemente, contra o socialismo do seu tempo, no caráter natural do direito de propriedade privada.[65] Este direito, fundamental para a autonomia e o desenvolvimento da pessoa, foi sempre defendido pela Igreja até aos nossos dias. De igual modo a Igreja ensina que a propriedade dos bens não é um direito absoluto, mas, na sua natureza de direito humano, traz inscritos os próprios limites.

O Pontífice ao proclamar o direito de propriedade privada, afirmava com igual clareza que o "uso" das coisas, confiado à liberdade, está subordinado ao seu originário destino comum de bens criados e ainda à vontade de Jesus Cristo manifestada no Evangelho. Com efeito, escrevia: "os abastados, portanto, são advertidos (...); os ricos devem tremer, pensando nas ameaças de Jesus Cristo (...); do uso dos seus bens deverão um dia prestar rigorosíssimas contas a Deus Juiz"; e, citando S. Tomás de Aquino, acrescentava: "Mas se se perguntar qual deve ser o uso desses bens, a Igreja (...) não hesita em responder que, a este propósito, o homem não deve possuir os bens externos

---

65. Cf. Carta Enc. *Rerum novarum: l. c.*, 99-107; 131-133.

como próprios, mas como comuns", porque "acima das leis e juízos dos homens está a lei, o juízo de Cristo".[66] Os sucessores de Leão XIII repetiram a dupla afirmação: a necessidade e, por conseguinte, a liceidade da propriedade privada e conjuntamente os limites que pesam sobre ela.[67] Também o Concílio Vaticano II repropôs a doutrina tradicional com palavras que merecem ser textualmente referidas: "o homem, usando destes bens, não deve considerar as coisas exteriores que legitimamente possui só como próprias, mas também como comuns, no sentido de que podem beneficiar não apenas a si, mas também aos outros". E pouco depois: "A propriedade privada ou um certo domínio sobre os bens externos asseguram a cada um a indispensável esfera de autonomia pessoal e famíliar, e devem ser considerados como que uma extensão da liberdade humana (...). A própria propriedade privada é, por sua natureza, de índole social, fundada na lei do destino comum dos bens".[68] Retomei a mesma doutrina, primeiramente no discurso à III Conferência do Episcopado latino-americano, em Puebla, e depois nas Encíclicas *Laborem exercens* e *Sollicitudo rei socialis*.[69]

31. Relendo esse ensinamento relativo ao direito de propriedade e ao destino comum dos bens, no hori-

---

66. *Ibid.*, *l. c.*, 111-113 s.
67. Cf. PIO XI, Carta Enc. *Quadragesimo anno*, II: *l. c.*, 191; PIO XII, Mensagem Radiofônica de 1 de Junho de 1941: *l. c.*, 199; JOÃO XXIII, Carta Enc. *Mater et magistra*: *l. c.*, 428-429; PAULO VI, Carta Enc. *Populorum progressio*, 22-24: *l. c.*, 268 s.
68. Const. past. sobre a Igreja no mundo contemporâneo *Gaudium et spes*, 69; 71.
69. Cf. Discurso aos Bispos Latino-americanos em Puebla (28 de Janeiro de 1979), III, 4: *AAS* 71 (1979), 199-201; Carta Enc. *Laborem exercens*, 14: *l. c.*, 612-616; Carta Enc. *Sollicitudo rei socialis*, 42: *l. c.*, 572-574.

zonte do nosso tempo, pode-se colocar a questão acerca da origem dos bens que sustentam a vida do homem, satisfazem as suas carências e são objeto dos seus direitos.

A origem primeira de tudo o que é bem é o próprio ato de Deus que criou a terra e o homem, e ao homem deu a terra para que a domine com o seu tabalho e goze dos seus frutos (cf. *Gn* 1,28-29). Deus deu a terra a todo o gênero humano, para que ela sustente todos os seus membros sem excluir nem privilegiar ninguém. Está aqui *a raiz do destino universal dos bens da terra*. Esta, pela sua própria fecundidade e capacidade de satisfazer as necessidades do homem, constitui o primeiro dom de Deus para o sustento da vida humana. Ora, a terra não dá os seus frutos, sem uma peculiar resposta do homem ao dom de Deus, isto é, sem o trabalho: é mediante o trabalho que o homem, usando da sua inteligência e liberdade, consegue dominá-la e estabelecer nela a sua digna morada. Deste modo, ele apropria-se de uma parte da terra, adquirida precisamente com o trabalho. Está aqui *a origem da propriedade individual*. Obviamente ele tem também a responsabilidade de não impedir que os outros homens tenham igualmente a sua parte no dom de Deus, pelo contrário, deve cooperar com eles para conjuntamente dominarem toda a terra.

Ao longo da história, sempre se encontram estes dois fatores — o *trabalho* e a *terra* —, no princípio de cada sociedade humana; nem sempre, porém, guardam a mesma relação entre si. Outrora *a fecundidade natural da terra* revelava-se e, de fato, era o principal fator de riqueza, sendo o trabalho uma espécie de ajuda e apoio a tal fecundidade. No nosso tempo, torna-se cada vez mais relevante o *papel do trabalho humano,* como fator produtivo das riquezas espirituais e materiais; aparece, além disso, evidente como o trabalho de um homem se cruza naturalmente com o de outros homens. Hoje mais do que nunca, trabalhar é um *trabalhar com os outros* e um *trabalhar para os outros:* torna-se cada vez mais um fazer qualquer coisa para alguém. O trabalho é tanto mais fecundo e produtivo, quanto mais o homem é capaz de conhecer as potencialidades criativas da terra e de ler profundamente as necessidades do outro homem, para o qual é feito o trabalho.

32. Mas existe, em particular no nosso tempo, uma outra forma de propriedade, que reveste uma importância nada inferior à da terra: é *a propriedade do conhecimento, da técnica e do saber.* A riqueza das Nações industrializadas funda-se muito mais sobre este tipo de propriedade, do que sobre a dos recursos naturais.

Acenou-se pouco antes ao fato de que o *homem trabalha com os outros homens,* participando num "trabalho social" que engloba progressivamente círculos cada vez mais amplos. Quem produz um objeto, para além do uso pessoal, fá-lo em geral para que outros o possam usar também, depois de ter pago o preço justo, estabelecido de comum acordo, mediante uma livre negociação. Ora, precisamente a capacidade de conhecer a tempo as carências dos outros homens e as combinações dos fatores produtivos mais idôneos para as satisfazer, é outra importante fonte de riqueza na sociedade moderna. Aliás, muitos bens não podem ser adequadamente produzidos através de um único indivíduo, mas requerem a colaboração de muitos para o mesmo fim. Organizar um tal esforço produtivo, planear a sua duração no tempo, procurar que corresponda positivamente às necessidades que deve satisfazer, assumindo os riscos necessários: também esta é uma fonte de riqueza na sociedade atual. Assim aparece cada vez mais evidente e determinante o papel do trabalho humano disciplinado e criativo e — enquanto parte essencial desse trabalho — das capacidades de iniciativa empresarial.[70]

Um tal processo, que faz concretamente ressaltar uma verdade da pessoa, afirmada incessantemente pelo cristianismo, deve ser visto com atenção e favor. Efetivamente, a riqueza principal do homem é, em conjunto com a terra, *o próprio homem*. É a sua inteligência que o leva a descobrir as potencialidades produtivas da terra e as múltiplas modalidades através das quais podem ser satisfeitas as necessidades humanas. É o seu trabalho disciplinado, em colaboração solidária, que permite a criação de *comunidades de trabalho* cada vez mais amplas e eficientes para operar a transformação do ambiente natural e do próprio ambiente humano. Para este processo, concorrem importantes virtudes, tais como a diligência, a laboriosidade, a prudência em assumir riscos razoáveis, a confiança e fidelidade nas relações interpessoais, a coragem na execução de decisões difíceis e dolorosas, mas necessárias para o trabalho comum da empresa, e para enfrentar os eventuais revezes da vida.

A moderna economia de empresa comporta aspectos positivos, cuja raiz é a liberdade da pessoa, que se exprime no campo econômico e em muitos outros

---

70. Cf. Carta Enc. *Sollicitudo rei socialis*, 15: *l. c.*, 528-531.

campos. A economia, de fato, é apenas um setor da multiforme atividade humana, e nela, como em qualquer outro campo, vale o direito à liberdade, da mesma forma que o dever de a usar responsavelmente. Mas é importante notar a existência de diferenças específicas entre essas tendências da sociedade atual, e as do passado, mesmo se recente. Se outrora o fator decisivo da produção era a terra e mais tarde *o capital,* visto como o conjunto de maquinaria e de bens instrumentais, hoje o fator decisivo é cada vez mais *o próprio homem,* isto é, a sua capacidade de conhecimento que se revela no saber científico, a sua capacidade de organização solidária, a sua capacidade de intuir e satisfazer a necessidade do outro.

33. Contudo não se podem deixar de denunciar os riscos e os problemas conexos com este tipo de processo. De fato, hoje muitos homens, talvez a maioria, não dispõem de instrumentos que consintam entrar, de modo efetivo e humanamente digno, dentro de um sistema de empresa, no qual o trabalho ocupa uma posição verdadeiramente central. Não têm a possibilidade de adquirir os conhecimentos de base que permitam exprimir a sua criatividade e desenvolver as suas potencialidades, nem de penetrar na rede de conhecimentos e intercomunicações, que lhes consentiria ver apreciadas e utilizadas as suas qualidades. Em suma, eles, se não são propriamente explorados, vêem-se amplamente marginalizados, e o progresso econômico desenvolve-se, por assim dizer, por cima das suas cabeças, quando não restringe ainda mais os espaços já estreitos das suas economias tradicionais de subsistência. Incapazes de resistir à concorrência de mercadorias produzidas em moldes novos e adequados às ne-

cessidades — que antes eles costumavam resolver através das formas organizativas tradicionais —, aliciados pelo esplendor de uma opulência ostensiva, mas para eles inacessível, e ao mesmo tempo constrangidos pela necessidade, estes homens aglomeram-se nas cidades do Terceiro Mundo, onde com freqüência aparecem culturalmente desenraizados e encontram-se em situações de precariedade violenta, sem possibilidade de integração. Não se lhes reconhece, de fato, dignidade, e procura-se às vezes eliminá-los da história por meio de formas coercivas de controle demográfico, contrárias à dignidade humana.

Muitos outros, embora não estando totalmente marginalizados, vivem inseridos em ambientes onde a luta pelo necessário é absolutamente primária, e vigoram ainda as regras do capitalismo original, na "crueldade" de uma situação que nada fica a dever à dos momentos mais negros da primeira fase da industrialização. Noutros casos, a terra é ainda o elemento central do processo econômico, e aqueles que a cultivam, excluídos da sua posse, estão reduzidos a condições de semi-escravatura.[71] Nestas situações pode-se ainda hoje, como no tempo da *Rerum novarum*, falar de exploração desumana. Apesar das grandes mudanças verificadas nas sociedades mais avançadas, as carências humanas do capitalismo, com o conseqüente domínio das coisas sobre os homens, ainda não desapareceram; pelo contrário, para os pobres à carência dos bens materiais juntou-se a do conhecimento e da ciência, que lhes impede de sair do estado de humilhante subordinação.

---

71. Cf. Carta Enc. *Laborem exercens*, 21: *l. c.*, 632-634.

Infelizmente a grande maioria dos habitantes do Terceiro Mundo vive ainda nestas condições. Seria errado, porém, imaginar este Mundo, num sentido somente geográfico. Em algumas regiões e em alguns setores sociais, foram ativados processos de desenvolvimento centrados na valorização não tanto dos recursos materiais, mas dos "recursos humanos".

Há relativamente poucos anos, afirmou-se que o desenvolvimento dos Países mais pobres dependeria do seu isolamento do mercado mundial, e da confiança apenas nas próprias forças. A recente experiência demonstrou que os Países que foram excluídos registraram estagnação e recessão, enquanto conheceram o desenvolvimento aqueles que conseguiram entrar na corrente geral de interligação das atividades econômicas a nível internacional. O maior problema, portanto, parece ser a obtenção de um acesso eqüitativo ao mercado internacional, não fundado sobre o princípio unilateral do aproveitamento dos recursos naturais, mas sobre a valorização dos recursos humanos.[72]

Aspectos típicos do Terceiro Mundo emergem também nos Países desenvolvidos, onde a transformação incessante das modalidades de produção e consumo desvaloriza certos conhecimentos já adquiridos e capacidades profissionais consolidadas, exigindo um esforço contínuo de requalificação e atualização. Aqueles que não conseguem acompanhar os tempos podem facilmente ser marginalizados; juntamente com eles são-no os anciãos, os jovens incapazes de se inserirem na vida social e, de um modo geral, os sujeitos mais

---

72. Cf. PAULO VI, Carta Enc. *Populorum progressio,* 33-42: *l. c.,* 273-278.

débeis e o denominado Quarto Mundo. Nestas condições, também a situação da mulher se apresenta muito difícil.

34. Tanto a nível da cada Nação, como no das relações internacionais, *o livre mercado* parece ser o instrumento mais eficaz para dinamizar os recursos e corresponder eficazmente às necessidades. Isto, contudo, vale apenas para as necessidades "solvíveis", que gozam da possibilidade de aquisição, e para os recursos que são "comercializáveis", isto é, capazes de obter um preço adequado. Mas existem numerosas carências humanas, sem acesso ao mercado. É estrito dever de justiça e verdade impedir que as necessidades humanas fundamentais permaneçam insatisfeitas e que pereçam os homens por elas oprimidos. Além disso, é necessário que estes homens carenciados sejam ajudados a adquirir os conhecimentos, a entrar no círculo de relações, a desenvolver as suas aptidões, para melhor valorizar as suas capacidades e recursos. Ainda antes da lógica da comercialização dos valores equivalentes e das formas de justiça, que lhe são próprias, existe algo que é devido ao homem porque é homem, com base na sua eminente dignidade. Esse *algo* que é devido comporta inseparavelmente a possibilidade de sobreviver e de dar um contributo ativo para o bem comum da humanidade.

No contexto do Terceiro Mundo, conservam a sua validade, (em certos casos é ainda uma meta a ser alcançada) aqueles mesmos objetivos indicados pela Rerum novarum para evitar a redução do trabalho humano e do próprio homem ao nível de simples mercadoria: o salário suficiente para a vida da família, seguros sociais para a ancianidade e o desemprego, a tutela adequada das condições de trabalho.

35. Abre-se aqui um grande e fecundo *campo de empenho e luta*, em nome da justiça, para os sindicatos e outras organizações dos trabalhadores que defendem direitos e tutelam o indivíduo, realizando simultaneamente uma função essencial de caráter cultural, com a finalidade de os fazer participar de modo mais pleno e digno na vida da Nação, e de os ajudar ao longo do caminho do progresso.

Neste sentido, é correto falar de luta contra um sistema econômico, visto como método que assegura a prevalência absoluta do capital, da posse dos meios de produção e da terra, relativamente à livre subjetividade do trabalho do homem.[73] Nesta luta contra um tal sistema, não se veja, como modelo alternativo, o sistema socialista, que, de fato, não passa de um capitalismo de estado, mas uma *sociedade do trabalho livre, da empresa e da participação*. Esta não se contrapõe ao livre mercado, mas requer que ele seja oportunamente controlado pelas forças sociais e estatais, de modo a garantir a satisfação das exigências fundamentais de toda a sociedade.

A Igreja reconhece a justa *função do lucro*, como indicador do bom funcionamento da empresa: quando esta dá lucro, isso significa que os fatores produtivos foram adequadamente usados e as correlativas necessidades humanas devidamente satisfeitas. Todavia o lucro não é o único indicador das condições da empresa. Pode acontecer que a contabilidade esteja em ordem e

---

73. Cf. Carta Enc. *Laborem exercens*, 7: *l. c.*, 592-594.

simultaneamente os homens, que constituem o patrimônio mais precioso da empresa, sejam humilhados e ofendidos na sua dignidade. Além de ser moralmente inadmissível, isso não pode deixar de se refletir futuramente de modo negativo na própria eficiência econômica da empresa. Com efeito, o objetivo desta não é simplesmente o lucro, mas sim a própria existência da empresa como *comunidade de homens que,* de diverso modo, procuram a satisfação das suas necessidades fundamentais e constituem um grupo especial ao serviço de toda a sociedade. O lucro é um regulador da vida da empresa, mas não o único; a ele se deve associar a consideração de *outros fatores humanos e morais* que, a longo prazo, são igualmente essenciais para a vida da empresa.

Como vimos lá atrás, é inaceitável a afirmação de que a derrocada do denominado "socialismo real" deixe o capitalismo como único modelo de organização econômica. Torna-se necessário quebrar as barreiras e os monopólios que deixam tantos povos à margem do progresso, e garantir, a todos os indivíduos e Nações, as condições basilares que lhes permitam participar no desenvolvimento. Tal objetivo requer esforços programados e responsáveis por parte de toda a comunidade internacional. É necessário que as Nações mais fortes saibam oferecer às mais débeis, ocasiões de inserção na vida internacional e que as mais débeis saibam aproveitar essas ocasiões, realizando os esforços e sacrifícios necessários, assegurando a estabilidade do quadro político e econômico, a certeza de perspectivas para o futuro, o crescimento da capacidade dos próprios trabalhadores, a formação de empresários eficientes e conscientes das suas responsabilidades.[74]

Atualmente, sobre os esforços positivos realizados com tal finalidade, pesa o problema, em grande medida ainda por resolver, da dívida externa dos Países mais pobres. Com certeza que é justo o princípio de que as dívidas devem ser pagas; não é lícito, porém, pedir ou pretender um pagamento, quando esse levaria de fato a impor opções políticas tais que condenariam à fome e ao desespero populações inteiras. Não se pode pretender que as dívidas contraídas sejam pagas com sacrifícios insuportáveis. Nestes casos, é necessário — como, de resto, está sucedendo em certa medida — encontrar modalidades para mitigar, reescalonar ou até cancelar a dívida, compatíveis com o direito fundamental dos povos à subsistência e ao progresso.

36. Convém agora prestar atenção aos problemas específicos e às ameaças, que se levantam no interior das economias mais avançadas e que estão conexas com as suas características peculiares. Nas fases precedentes do desenvolvimento, o homem sempre viveu sob o peso da necessidade. As suas carências eram poucas, de algum modo já fixadas nas estruturas objetivas da sua constituição corpórea, e a atividade econômica estava orientada à sua satisfação. Hoje é claro que o problema não é só oferecer-lhes uma quantidade suficiente de bens, mas de responder a uma *exigência de qualidade:* qualidade das mercadorias a produzir e a consumir, qualidade dos serviços a ser utilizados, qualidade do ambiente e da vida em geral.

74. Cf. *ibid.*, 8: *l. c.*, 594-598.

O pedido de uma existência qualitativamente mais satisfatória e mais rica é, em si mesmo, legítimo; mas devemos sublinhar as novas responsabilidades e os perigos conexos com esta fase histórica. No mundo onde surgem e se definem as novas necessidades, está sempre subjacente uma concepção mais ou menos adequada do homem e do seu verdadeiro bem: através das opções de produção e de consumo, manifesta-se uma determinada cultura, como concepção global da vida. É aqui que surge *o fenômeno do consumismo*. Individuando novas necessidades e novas modalidades para a sua satisfação, é necessário deixar-se guiar por uma imagem integral do homem, que respeite todas as dimensões do seu ser e subordine as necessidades materiais e instintivas às interiores e espirituais. Caso contrário, explorando diretamente os seus instintos e prescindindo, de diversos modos, da sua realidade pessoal consciente e livre, podem-se criar *hábitos de consumo e estilos de vida* objetivamente ilícitos, e freqüentemente prejudiciais à sua saúde física e espiritual. O sistema econômico, em si mesmo, não possui critérios que permitam distinguir corretamente as formas novas e mais elevadas de satisfação das necessidades humanas, das necessidades artificialmente criadas que se opõem à formação de uma personalidade madura. Torna-se por isso necessária e urgente, uma *grande obra educativa e cultural,* que abranja a educação dos consumidores para um uso responsável do seu poder de escolha, a formação de um alto sentido de responsabilidade nos produtores, e, sobretudo, nos profissionais dos mass-media, além da necessária intervenção das Autoridades públicas.

Um exemplo flagrante de consumo artificial, contrário à saúde e à dignidade do homem, certamente difícil de ser controlado, é o da droga. A sua difusão é índice de uma grave disfunção do sistema social, e subentende igualmente uma "leitura" materialista, em certo sentido, destrutiva das necessidades humanas. Deste modo a capacidade de inovação da livre economia termina atuando-se de modo unilateral e inadequado. A droga, como também a pornografia e outras formas de consumismo, explorando a fragilidade dos débeis, tentam preencher o vazio espiritual que se veio a criar.

Não é mal desejar uma vida melhor, mas é errado o estilo de vida que se presume ser melhor, quando ela é orientada ao ter e não ao ser, e deseja ter mais não para ser mais, mas para consumir a existência no prazer, visto como fim em si próprio.[75] É necessário, por isso, esforçar-se por construir estilos de vida, nos quais a busca do verdadeiro, do belo e do bom, e a comunhão com os outros homens, em ordem ao crescimento comum, sejam os elementos que determinam as opções do consumo, da poupança e do investimento. A propósito disto, não posso limitar-me a recordar o dever da caridade, isto é, o dever de acorrer com o "supérfluo", e às vezes até com o "necessário" para garantir o indispensável à vida do pobre. Mas aludo também ao fato de que a opção de investir num lugar em vez de outro, neste setor produtivo e não naquele, é sempre *uma escolha moral e cultural*. Postas certas

---

75. Cf. CONC. ECUM. VAT. II, Const. past. sobre a Igreja no mundo contemporâneo *Gaudium et spes,* 35; PAULO VI, Carta Enc. *Populorum progressio,* 19: *l. c.,* 266 s.

condições econômicas e de estabilidade política absolutamente imprescindíveis, a decisão de investir, isto é, de oferecer a um povo a ocasião de valorizar o próprio trabalho, é determinada também por uma atitude de solidariedade e pela confiança na Providência divina, que revela a qualidade humana daquele que decide.

37. Igualmente preocupante, ao lado do problema do consumismo e com ele estritamente ligada, é *a questão ecológica*. O homem, tomado mais pelo desejo do ter e do prazer, do que pelo de ser e de crescer, consome de maneira excessiva e desordenada os recursos da terra e da sua própria vida. Na raiz da destruição insensata do ambiente natural, há um erro antropológico, infelizmente muito espalhado no nosso tempo. O homem, que descobre a sua capacidade de transformar e, de certo modo, criar o mundo com o próprio trabalho, esquece que este se desenrola sempre sobre a base da doação originária das coisas por parte de Deus. Pensa que pode dispor arbitrariamente da terra, submetendo-a sem reservas à sua vontade, como se ela não possuísse uma forma própria e um destino anterior que Deus lhe deu, e que o homem pode, sim, desenvolver, mas não deve trair. Em vez de realizar o seu papel de colaborador de Deus na obra da criação, o homem substitui-se a Deus, e deste modo acaba por provocar a revolta da natureza mais tiranizada que governada por ele.[76]

Nota-se aqui, antes de mais, uma pobreza ou mesquinhez da visão humana, mais animada pelo desejo de possuir as coisas do que relacioná-las com a

---

76. Cf. Carta Enc. *Sollicitudo rei socialis*, 34: *l. c.*, 559 s.; Mensagem para o Dia Mundial da Paz 1990: *AAS* 82 (1990), 147-156.

verdade, privado do comportamento desinteressado, gratuito, estético que brota do assombro diante do ser e da beleza, que leva a ler, nas coisas visíveis, a mensagem do Deus invisível que as criou. A respeito disso, a humanidade de hoje deve estar consciente dos seus deveres e tarefas, em vista das gerações futuras.

38. Além da destruição irracional do ambiente natural, é de recordar aqui outra ainda mais grave, qual é a do *ambiente humano*, a que se está ainda longe de prestar a necessária atenção. Enquanto justamente nos preocupamos, apesar de bem menos do que o necessário, em preservar o "habitat" natural das diversas espécies animais ameaçadas de extinção, porque nos damos conta da particular contribuição que cada uma delas dá ao equilíbrio geral da terra, empenhamo-nos demasiado pouco em *salvaguardar as condições morais de uma autêntica "ecologia humana"*. Não só a terra foi dada por Deus ao homem, que a deve usar respeitando a intenção originária de bem, segundo a qual lhe foi entregue; mas o homem é doado a si mesmo por Deus, devendo por isso respeitar a estrutura natural e moral, de que foi dotado. Neste contexto, são de mencionar os graves problemas da moderna urbanização, a necessidade de um urbanismo preocupado com a vida das pessoas, bem como a devida atenção a uma "ecologia social" do trabalho.

O homem recebe de Deus a sua dignidade essencial e com ela a capacidade de transcender todo o regime da sociedade, rumo à verdade e ao bem. Contudo está fortemente condicionado também pela estrutura social em que vive, pela educação recebida e pelo ambiente. Estes elementos tanto podem facilitar como dificultar o seu viver conforme à verdade. As decisões, graças às quais se constitui um ambiente humano, podem criar estruturas específicas de pecado, impedindo a plena realização daqueles que vivem de diversos modos oprimidos por elas. Destruir tais estruturas, substituindo-as por formas de convivência mais autênticas é uma tarefa que exige coragem e paciência.[77]

39. A primeira e fundamental estrutura a favor da "ecologia humana" é *a família,* no seio da qual o homem recebe as primeiras e determinantes noções acerca da verdade e do bem, aprende o que significa amar e ser amado e, conseqüentemente, o que quer dizer, em concreto, ser uma pessoa. Pensa-se aqui na *família fundada sobre o matrimônio,* onde a doação recíproca de si mesmo, por parte do homem e da mulher, cria um ambiente vital onde a criança pode nascer e desenvolver as suas potencialidades, tornar-se consciente da sua dignidade e preparar-se para enfrentar o seu único e irrepetível destino. Muitas vezes dá-se o inverso; o homem é desencorajado de realizar as autênticas condições da geração humana, e aliciado a considerar a si próprio e à sua vida mais como um conjunto de sensações a serem experimentadas do que como uma obra a realizar. Daqui nasce uma carência de liberdade que o leva a renunciar ao compromisso de se ligar estavelmente com outra pessoa e de gerar filhos, ou que o induz a considerar estes últimos como uma de tantas "coisas" que é possível ter ou não ter, segundo os próprios gostos, e que entram em concorrência com outras possibilidades.

---

77. Cf. Exort. Ap. *Reconciliatio et paenitentia* (2 de Dezembro de 1984), 16: *AAS* 77 (1985), 213-217; PIO XI, Carta Enc. *Quadragesimo anno,* III, *l. c.,* 219.

É necessário voltar a considerar a família como *o santuário da vida*. De fato, ela é sagrada: é o lugar onde a vida, dom de Deus, pode ser convenientemente acolhida e protegida contra os múltiplos ataques a que está exposta, e pode desenvolver-se segundo as exigências de um crescimento humano autêntico. Contra a denominada cultura da morte, a família constitui a sede da cultura da vida.

O engenho humano parece orientar-se, nesse campo, mais para limitar, suprimir ou anular as fontes da vida, chegando até ao recurso do aborto, infelizmente tão espalhado pelo mundo, do que para defender e criar possibilidades à mesma vida. Na Encíclica *Sollicitudo rei socialis*, foram denunciadas as campanhas sistemáticas contra a natalidade, que, baseadas numa concepção distorcida do problema demográfico e num clima de "absoluta falta de respeito pela liberdade de decisão das pessoas interessadas", as submetem muitas vezes "a pressões intoleráveis (...) a fim de cederem a esta nova forma de opressão".[78] Trata-se de políticas que, com novas técnicas, estendem o seu raio de ação até ao ponto de chegarem, como numa "guerra química", a envenenar a vida de milhões de seres humanos indefesos.

Estas críticas, são dirigidas não tanto contra um sistema econômico, quanto contra um sistema ético-cultural. De fato, a economia é apenas um aspecto e uma dimensão da complexa atividade humana. Se ela for absolutizada, se a produção e o consumo das coisas acabar por ocupar o centro da vida social, tornando-se o único valor verdadeiro da sociedade, não subor-

---

78. Carta Enc. *Sollicitudo rei socialis*, 25: *l. c.*, 544.

dinado a nenhum outro, a causa terá de ser procurada não tanto no próprio sistema econômico, quanto no fato de que todo o sistema sócio-cultural, ignorando a dimensão ética e religiosa, ficou debilitado, limitando-se apenas à produção dos bens e dos serviços.[79]

Tudo isto se pode resumir afirmando mais uma vez que a liberdade econômica é apenas um elemento da liberdade humana. Quando aquela se torna autônoma, isto é, quando o homem é visto mais como um produtor ou um consumidor de bens do que como um sujeito que produz e consome para viver, então ela perde a sua necessária relação com a pessoa humana e acaba por a alienar e oprimir.[80]

40. É tarefa do Estado prover à defesa e tutela de certos bens coletivos como o ambiente natural e o ambiente humano, cuja salvaguarda não pode ser garantida por simples mecanismos de mercado. Como nos tempos do antigo capitalismo, o Estado tinha o dever de defender os direitos fundamentais do trabalho, assim diante do novo capitalismo, ele e toda sociedade tem a obrigação de *defender os bens coletivos* que, entre outras coisas, constituem o enquadramento dentro da qual cada um poderá conseguir legitimamente os seus fins individuais.

Acha-se aqui um novo limite do mercado: há necessidades coletivas e qualitativas, que não podem ser satisfeitas através dos seus mecanismos; existem exigências humanas importantes, que escapam à sua lógica; há bens que, devido à sua natureza, não se po-

---

79. Cf. *ibid.*, 34: *l. c.*, 559 s.
80. Cf. Carta Enc. *Redemptor hominis* (4 de Março de 1979), 15: *AAS* 71 (1979), 286-289.

dem nem se devem vender e comprar. Certamente os mecanismos de mercado oferecem seguras vantagens: ajudam, entre outras coisas, a utilizar melhor os recursos, favorecem o intercâmbio dos produtos e, sobretudo, põem no centro a vontade e as preferências da pessoa que, no contrato, se encontram com as de outrem. Todavia eles comportam o risco de uma "idolatria" do mercado, que ignora a existência de bens que, pela sua natureza, não são nem podem ser simples mercadoria.

41. O marxismo criticou as sociedades burguesas capitalistas, censurando-as pela "coisificação" e alienação da existência humana. Certamente esta censura baseia-se numa concepção errada e inadequada da alienação, porque restringe a sua causa apenas à esfera das relações de produção e propriedade, isto é, atribuindo-lhe um fundamento materialista e, além disso, negando a legitimidade e a positividade das relações de mercado, inclusive no âmbito que lhes é próprio. Acaba assim por afirmar que a alienação só poderia ser eliminada numa sociedade de tipo coletivista. Ora a experiência histórica dos Países socialistas demonstrou tristemente que o coletivismo não suprime a alienação, antes a aumenta, enquanto a ela junta ainda a carência das coisas necessárias e a ineficácia econômica.

A experiência histórica do Ocidente, por sua vez, demonstra que, embora sejam falsas a análise e a fundamentação marxista da alienação, todavia esta, com a perda do sentido autêntico da existência, é também uma experiência real nas sociedades ocidentais. Ela verifica-se no consumo, quando o homem se vê implicado numa rede de falsas e superficiais satisfações, em vez de ser ajudado a fazer a autêntica e concreta experiência da sua personalidade. A alienação verifica-se também no trabalho, quando é organizado de modo a "maximizar" apenas os seus frutos e rendimentos, não se preocupando de que o trabalhador, por meio de seu trabalho, se realize mais ou menos como homem, conforme cresça a sua participação numa autêntica comunidade humana solidária, ou então cresça o seu isolamento num complexo de relações de exacerbada competição e de recíproco alheamento, no qual ele aparece considerado apenas como um meio, e não como um fim.

É necessário reconduzir o conceito de alienação à perspectiva cristã, reconhecendo-a como a inversão dos meios *pelos* fins: quando o homem não reconhece o valor e a grandeza da pessoa em si próprio e no outro, de fato priva-se da possibilidade de usufruir da própria humanidade e de entrar na relação de solidariedade e de comunhão com os outros homens para a qual Deus o criou. Com efeito, é mediante o livre dom de si que o homem se torna autenticamente ele próprio,[81] e este dom é possível graças à essencial "capacidade de transcendência" da pessoa humana. O homem não se pode doar a um projeto somente humano da realidade, nem a um ideal abstrato ou a falsas utopias. Ele, enquanto pessoa, consegue doar-se a uma outra pessoa ou outras pessoas e, enfim, a Deus, que é o autor do seu ser e o único que pode acolher plenamente o seu dom.[82] Alienado é o homem que recusa transcender-se a si próprio e viver a experiência do

---

81. Cf. CONC. ECUM. VAT. II, Const. past. sobre a Igreja no mundo contemporâneo *Gaudium et spes,* 24.
82. Cf. *ibid.,* 41.

dom de si e da formação de uma autêntica comunidade humana, orientada para o seu destino último, que é Deus. Alienada é a sociedade que, nas suas formas de organização social, de produção e de consumo, torna mais difícil a realização deste dom e a constituição dessa solidariedade interumana.

Na sociedade ocidental foi superada a exploração, pelo menos nas formas analisadas e descritas por Karl Marx. Pelo contrário, não foi superada a alienação nas várias formas de exploração quando os homens se instrumentalizam mutuamente e, na satisfação cada vez mais refinada das suas necessidades particulares e secundárias, se tornam surdos às suas carências verdadeiras e autênticas, que devem regular as modalidades de satisfação das outras necessidades.[83] O homem que se preocupa só ou prevalentemente do ter e do prazer, incapaz já de dominar os seus instintos e paixões e de subordiná-los pela obediência à verdade, não pode ser livre: a *obediência à verdade* sobre Deus e o homem é a primeira condição da liberdade, permitindo-lhe ordenar as próprias necessidades, os próprios desejos e as modalidades da sua satisfação, segundo uma justa hierarquia, de modo que a posse das coisas seja para ele um meio de crescimento. Um obstáculo a tal crescimento pode vir da manipulação realizada por alguns meios de comunicação social que impõem, pela força de uma bem orquestrada insistência, modos e movimentos de opinião, sem ser possível submeter a um exame crítico as premissas sobre as quais se fundamentam.

---

83. Cf. *ibid.*, 26.

42. Voltando agora à questão inicial, pode-se porventura dizer que, após a falência do comunismo, o sistema social vencedor é o capitalismo e que para ele se devem encaminhar os esforços dos Países que procuram reconstruir as suas economias e a sua sociedade? É, porventura, este o modelo que se deve propor aos Países do Terceiro Mundo, que procuram a estrada do verdadeiro progresso econômico e civil?

A resposta apresenta-se obviamente complexa. Se por "capitalismo" se indica um sistema econômico que reconhece o papel fundamental e positivo da empresa, do mercado, da propriedade privada e da conseqüente responsabilidade pelos meios de produção, da livre criatividade humana no setor da economia, a resposta é certamente positiva, embora talvez fosse mais apropriado falar de "economia de empresa", ou de "economia de mercado", ou simplesmente de "economia livre". Mas se por "capitalismo" se entende um sistema onde a liberdade no setor da economia não está enquadrada num sólido contexto jurídico que a coloque ao serviço da liberdade humana integral e a considere como uma particular dimensão desta liberdade, cujo centro seja ético e religioso, então a resposta é sem dúvida negativa.

A solução marxista faliu, mas permanecem no mundo fenômenos de marginalização e de exploração, especialmente no Terceiro Mundo, e fenômenos de alienação humana, especialmente nos Países mais avançados, contra os quais levanta-se com firmeza a voz da Igreja. Tantas multidões vivem ainda agora em condições de grande miséria material e moral. A queda do sistema comunista, em tantos países, elimina certamente um obstáculo para enfrentar de modo adequado e realístico estes problemas, mas não basta para resolvê-los. Existe até o risco de se difundir uma ideologia radical de tipo capitalista, que se recusa mesmo a tomá-los em conta, considerando *a priori* condenada ao fracasso toda a tentativa de os encarar e confia fideisticamente a sua solução ao livre desenvolvimento das forças de mercado.

43. A Igreja não tem modelos a propor. Os modelos reais e eficazes poderão nascer apenas no quadro das diversas situações históricas, graças ao esforço dos responsáveis que enfrentam os problemas concretos em todos os seus aspectos sociais, econômicos, políticos e culturais que se entrelaçam mutuamente.[84] A esse empenho, a Igreja oferece, como *orientação ideal indispensável*, a própria doutrina social que — como se disse — reconhece o valor positivo do mercado e da empresa, mas indica ao mesmo tempo a necessidade de que estes sejam orientados para o bem comum. Ela reconhece também a legitimidade dos esforços dos trabalhadores para conseguirem o pleno respeito da sua dignidade e espaços maiores de participação na vida da empresa, de modo que eles, embora trabalhando em conjunto com outros e sob a direção de outros, possam em certo sentido "trabalhar por conta própria"[85] exercitando a sua inteligência e liberdade.

O desenvolvimento integral da pessoa humana no trabalho não contradiz, antes favorece a maior produtividade e eficácia do próprio trabalho, embora isso possa enfraquecer estruturas consolidadas de poder. A

---

84. Cf. *ibid.*, 36; PAULO VI, Carta. Ap. *Octogesima adveniens*, 2-5: *l. c.*, 402-405.
85. Cf. Carta Enc. *Laborem exercens*, 15: *l. c.*, 616-618.

empresa não pode ser considerada apenas como uma "sociedade de capitais"; é simultaneamente uma "sociedade de pessoas", da qual fazem parte, de modo diverso e com específicas responsabilidades, quer aqueles que fornecem o capital necessário para a sua atividade, quer aqueles que aí colaboram com o seu trabalho. Para conseguir este fim, é ainda necessário um *grande movimento associado dos trabalhadores,* cujo objetivo é a libertação e a promoção integral da pessoa.

À luz das "coisas novas" de hoje, foi relida *a relação entre a propriedade individual, ou privada, e o destino universal dos bens.* O homem realiza-se através da sua inteligência e da sua liberdade e, ao fazê-lo, assume como objeto e instrumento as coisas do mundo e delas se apropria. Neste seu agir, está o fundamento do direito à iniciativa e à propriedade individual. Mediante o seu trabalho, o homem empenha-se não só para proveito próprio, mas também *para os outros* e *com os outros:* cada um colabora para o trabalho e o bem dos outros. O homem trabalha para acorrer às necessidades da sua família, da comunidade de que faz parte, da Nação e, em definitivo, da humanidade inteira.[86]

Além disso, colabora para o trabalho dos outros, que operam na mesma empresa, como também para o trabalho dos fornecedores ou para o consumo dos clientes, numa cadeia de solidariedade que se alarga progressivamente. A posse dos meios de produção, tanto no campo industrial como no agrícola, é justa e legítima, se serve para um trabalho útil; pelo contrário, tor-

---

86. Cf. *ibid.,* 10: *l. c.,* 600-602.

na-se ilegítima, quando não é valorizada ou serve para impedir o trabalho dos outros, para obter um ganho que não provém da expansão global do trabalho humano e da riqueza social, mas antes da sua repressão, da ilícita exploração, da especulação, e da ruptura da solidariedade no mundo do trabalho.[87] Semelhante propriedade não tem qualquer justificação, e constitui um abuso diante de Deus e dos homens.

A obrigação de ganhar o pão com o suor do próprio rosto supõe, ao mesmo tempo, um direito. Uma sociedade onde este direito seja sistematicamente negado, onde as medidas de política econômica não consintam aos trabalhadores alcançarem níveis satisfatórios de ocupação, não pode conseguir nem a sua legitimação ética nem a paz social.[88] Tal como a pessoa se realiza plenamente na livre doação de si própria, assim a propriedade se justifica moralmente na criação, em moldes e tempos devidos, de ocasiões de trabalho e crescimento humano para todos.

---

87. Cf. *ibid.*, 14: *l. c.*, 612-616.
88. Cf. *ibid.*, 18: *l. c.*, 622-625.

CAPÍTULO V

ESTADO E CULTURA

44. Leão XIII não ignorava que uma sã *teoria do Estado* é necessária para assegurar o desenvolvimento normal das atividades humanas: tanto as espirituais, como as materiais, sendo ambas indispensáveis.[89] Por isso, numa passagem da *Rerum novarum*, ele apresenta a organização da sociedade segundo três poderes — legislativo, executivo e judicial — o que constituía, naquele tempo, uma novidade no ensinamento da Igreja.[90] Tal ordenamento reflete uma visão realista da natureza social do homem a qual exige uma legislação adequada para proteger a liberdade de todos. Para tal fim é preferível que cada poder seja equilibrado por outros poderes e outras esferas de competência que o mantenham no seu justo limite. Este é o princípio do "Estado de direito", no qual é soberana a lei, e não a vontade arbitrária dos homens.

A esta concepção se opôs, nos tempos modernos, o totalitarismo, o qual, na forma marxista-leninista, defende que alguns homens, em virtude de um conhecimento mais profundo das leis do desenvolvimento da sociedade, ou de uma particular consciência de classe ou por um contato com as fontes mais profundas da consciência coletiva, estão isentos de erro e podem, por conseguinte, arrogar-se o exercício de um poder abso-

---

89. Cf. Carta Enc. *Rerum novarum: l. c.*, 126-128.
90. Cf. *ibid.*, 27: *l. c.*, 121 s.

luto. Acrescente-se que o totalitarismo nasce da negação da verdade em sentido objetivo: se não existe uma verdade transcendente, na obediência à qual o homem adquire a sua plena identidade, então não há qualquer princípio seguro que garanta relações justas entre os homens. Com efeito, o seu interesse de classe, de grupo, de Nação, contrapõe-nos inevitavelmente uns aos outros. Se não se reconhece a verdade transcendente, triunfa a força do poder, e cada um tende a aproveitar-se ao máximo dos meios à sua disposição para impor o próprio interesse ou opinião, sem atender aos direitos do outro. Então o homem é respeitado apenas na medida em que for possível instrumentalizá-lo no sentido de uma afirmação egoísta. A raiz do totalitarismo moderno, portanto, deve ser individuada na negação da transcendente dignidade da pessoa humana, imagem visível de Deus invisível e, precisamente por isso, pela sua própria natureza, sujeito de direitos que ninguém pode violar: seja indivíduo, grupo, classe, Nação ou Estado. Nem tão pouco o pode fazer a maioria de um corpo social, lançando-se contra a minoria, marginalizando, oprimindo, explorando ou tentando destruí-la.[91]

45. A cultura e a práxis do totalitarismo comportam também a negação da Igreja. O Estado, ou então o partido, que pretende poder realizar na história o bem absoluto e se arvora por cima de todos os valores, não pode tolerar que seja afirmado um *critério objetivo do bem e do mal,* para além da vontade dos governantes, o qual, em determinadas circunstâncias, pode servir para julgar o seu comportamento. Isto ex-

---

91. Cf. LEÃO XIII, Carta Enc. *Libertas praestantissimum: l. c.,* 224-226.

plica porquê o totalitarismo procura destruir a Igreja ou, pelo menos, subjugá-la, fazendo-a instrumento do próprio aparelho ideológico.[92]

O Estado totalitário tende, ainda, a absorver em si próprio a Nação, a sociedade, a família, as comunidades religiosas e as próprias pessoas. Defendendo a própria liberdade, a Igreja defende a pessoa, que deve obedecer antes a Deus que aos homens (cf. *At* 5,29), a família, as diversas organizações sociais e as Nações, realidades essas que gozam de uma específica esfera de autonomia e soberania.

46. A Igreja encara com simpatia o sistema da democracia, enquanto assegura a participação dos cidadãos nas opções políticas e garante aos governados a possibilidade quer de escolher e controlar os próprios governantes, quer de os substituir pacificamente, quando tal se torne oportuno;[93] ela não pode, portanto, favorecer a formação de grupos restritos de dirigentes, que usurpam o poder do Estado a favor dos seus interesses particulares ou dos objetivos ideológicos.

Uma autêntica democracia só é possível num Estado de direito e sobre a base de uma reta concepção da pessoa humana. Aquela exige que se verifiquem as condições necessárias à promoção quer dos indivíduos através da educação e da formação nos verdadeiros ideais, quer da "subjetividade" da sociedade, mediante a criação de estruturas de participação e co-responsabilidade. Hoje tende-se a afirmar que o agnosti-

---

92. Cf. CONC. ECUM. VAT. II, Const. past. sobre a Igreja no mundo contemporâneo *Gaudium et spes*, 76.
93. Cf. *ibid.*, 29; PIO XII, Radiomensagem natalícia de 24.XII.1944: *AAS* 37 (1945), 10-20.

cismo e o relativismo céptico constituem a filosofia e o comportamento fundamental mais idôneos às formas políticas democráticas, e que todos quantos estão convencidos de conhecer a verdade e firmemente aderem a ela não são dignos de confiança do ponto de vista democrático, porque não aceitam que a verdade seja determinada pela maioria ou seja variável segundo os diversos equilíbrios políticos. A este propósito, é necessário notar que, se não existe nenhuma verdade última que guie e oriente a ação política, então as idéias e as convicções podem ser facilmente instrumentalizadas para fins de poder. Uma democracia sem valores converte-se facilmente num totalitarismo aberto ou dissimulado, como a história demonstra.

A Igreja também não fecha os olhos diante do perigo do fanatismo, ou fundamentalismo, daqueles que, em nome de uma ideologia que se pretende científica ou religiosa, defendem poder impor aos outros homens a sua concepção da verdade e do bem. Não é deste tipo *a verdade cristã*. Não sendo ideológica, a fé cristã não presume encarcerar num esquema rígido a variável realidade sócio-política e reconhece que a vida do homem se realiza na história, em condições diversas e não perfeitas. A Igreja, portanto, reafirmando constantemente a dignidade transcendente da pessoa, tem, por método, o respeito da liberdade.[94]

Mas a liberdade só é plenamente valorizada pela aceitação da verdade: num mundo sem verdade, a liberdade perde a sua consistência, e o homem acaba exposto à violência das paixões e a condicionalismos

---

94. Cf. CONC. ECUM. VAT. II, Decl. sobre a liberdade religiosa *Dignitatis humanae*.

visíveis ou ocultos. O cristão vive a liberdade (cf. *Jo* 8,31-32), e serve-a propondo continuamente, segundo a natureza missionária da sua vocação, a verdade que conheceu. No diálogo com os outros homens, ele, atento a toda a parcela de verdade que encontre na experiência de vida e na cultura dos indivíduos e das Nações, não renunciará a afirmar tudo o que a sua fé e o reto uso da razão lhe deram a conhecer.[95]

47. Após a queda do totalitarismo comunista e de muitos outros regimes totalitários e de "segurança nacional", assistimos hoje à prevalência, não sem contrastes, do ideal democrático, em conjunto com uma viva atenção e preocupação pelos direitos humanos. Mas, exatamente por isso, é necessário que os povos, que estão reformando os seus regimes, dêem à democracia um autêntico e sólido fundamento mediante o reconhecimento explícito dos referidos direitos.[96] Entre os principais, recordem-se: o direito à vida, do qual é parte integrante o direito a crescer à sombra do coração da mãe depois de ser gerado; o direito a viver numa família unida e num ambiente moral favorável ao desenvolvimento da própria personalidade; o direito a maturar a sua inteligência e liberdade na procura e no conhecimento da verdade; o direito a participar no trabalho para valorizar os bens da terra e a obter dele o sustento próprio e dos seus familiares; o direito a fundar uma família e a acolher e educar os filhos, exercitando responsavelmente a sua sexualidade. Fonte e síntese destes direitos é, em certo sentido, a liber-

---

95. Cf. Carta Enc. *Redemptoris missio,* 11: *L'Osservatore Romano,* 23 de Janeiro de 1991.
96. Cf. Carta Enc. *Redemptor hominis,* 17: *l. c.,* 270-272.

dade religiosa, entendida como direito a viver na verdade da própria fé e em conformidade com a dignidade transcendente da pessoa.[97]

Também nos Países onde vigoram formas de governo democrático, nem sempre estes direitos são totalmente respeitados. Não se trata apenas do escândalo do aborto, mas de diversos aspectos de uma crise dos sistemas democráticos, que às vezes parecem ter perdido a capacidade de decidir segundo o bem comum. As questões levantadas pela sociedade não são examinadas à luz dos critérios de justiça e moralidade, mas antes na base da força eleitoral ou financiária dos grupos que as apoiam. Semelhantes desvios da prática política geram, com o tempo, desconfiança e apatia e conseqüentemente diminuição da participação política e do espírito cívico, no seio da população, que se sente prejudicada e desiludida. Disso resulta a crescente incapacidade de enquadrar os interesses particulares numa coerente visão do bem comum. Este efetivamente não é a mera soma dos interesses particulares, mas implica a sua avaliação e composição feita com base numa equilibrada hierarquia de valores e, em última análise, numa correta compreensão da dignidade e dos direitos da pessoa.[98]

A Igreja respeita a *legítima autonomia da ordem democrática,* mas não é sua atribuição manifestar preferência por uma ou outra solução institucional ou

---

97. Cf. Mensagem para o Dia Mundial da Paz 1988: *l. c.,* 1572-1580; Mensagem para o Dia Mundial da Paz 1991: *L'Osservatore Romano,* 19 de Dezembro de 1990; CONC. ECUM. VAT. II, Decl. sobre a liberdade religiosa *Dignitatis humanae,* 1-2.
98. CONC. ECUM. VAT. II, Const. past. sobre a Igreja no mundo contemporâneo *Gaudium et spes,* 26.

constitucional. O contributo, por ela oferecido nesta ordem, é precisamente aquela visão da dignidade da pessoa, que se revela em toda a sua plenitude no mistério do Verbo encarnado.[99]

48. Estas considerações gerais refletem-se também no *papel do Estado no setor da economia*. A atividade econômica, em particular a da economia de mercado, não se pode realizar num vazio institucional, jurídico e político. Pelo contrário, supõe segurança no referente às garantias da liberdade individual e da propriedade, além de uma moeda estável e serviços públicos eficientes. A principal tarefa do Estado é, portanto, o de garantir esta segurança, de modo que quem trabalha e produz possa gozar dos frutos do próprio trabalho e, conseqüentemente, sinta-se estimulado a cumpri-lo com eficiência e honestidade. A falta de segurança, acompanhada pela corrupção dos poderes públicos e pela difusão de fontes impróprias de enriquecimento e de lucros fáceis fundados em atividades ilegais ou puramente especulativas, é um dos obstáculos principais ao desenvolvimento e à ordem econômica.

Outra tarefa do Estado é a de vigiar e orientar o exercício dos direitos humanos, no setor econômico; neste campo, porém, a primeira responsabilidade não é do Estado, mas dos indivíduos e dos diversos grupos e associações em que se articula a sociedade. O Estado não poderia assegurar diretamente o direito de todos os cidadãos ao trabalho, sem uma excessiva estruturação da vida econômica e restrição da livre iniciativa dos indivíduos. Contudo isto não significa que ele não tenha qualquer competência neste âmbito, como

---

99. Cf. *ibid.*, 22.

afirmaram aqueles que defendiam uma ausência completa de regras na esfera econômica. Pelo contrário, o Estado tem o dever de secundar a atividade das empresas, criando as condições que garantam ocasiões de trabalho, estimulando-a onde for insuficiente e apoiando-a nos momentos de crise.

O Estado tem também o direito de intervir quando situações particulares de monopólio criem atrasos ou obstáculos ao desenvolvimento. Mas, além destas tarefas de harmonização e condução do progresso, pode desempenhar *funções de suplência* em situações excepcionais, quando setores sociais ou sistemas de empresas, demasiado débeis ou em vias de formação, se mostram inadequados à sua missão. Estas intervenções de suplência, justificadas por urgentes razões que se prendem com o bem comum, devem ser, quanto possível, limitadas no tempo, para não retirar permanentemente aos mencionados setores e sistemas de empresas as competências que lhes são próprias e para não ampliar excessivamente o âmbito da intervenção estatal, tornando-se prejudicial tanto à liberdade econômica como à civil.

Assistiu-se, nos últimos anos, a um vasto alargamento dessa esfera de intervenção, o que levou a constituir, de algum modo, um novo tipo de estado, o "Estado do bem-estar". Esta alteração deu-se em alguns Países, para responder de modo mais adequado a muitas necessidades e carências, dando remédio a formas de pobreza e privação indignas da pessoa humana. Não faltaram, porém, excessos e abusos que provocaram, especialmente nos anos mais recentes, fortes críticas ao Estado do bem-estar, qualificado como "Estado assistencial". As anomalias e defeitos, no Estado assistencial, derivam de uma inadequada compreensão das suas próprias tarefas. Também neste âmbito, se deve respeitar *o princípio de subsidiariedade:* uma sociedade de ordem superior não deve interferir na vida interna de uma sociedade de ordem inferior, privando-a das suas competências, mas deve antes apoiá-la em caso de necessidade e ajudá-la a coordenar a sua ação com a das outras componentes sociais, tendo em vista o bem comum.[100] Ao intervir diretamente, irresponsabilizando a sociedade, o Estado assistencial provoca a perda de energias humanas e o aumento exagerado do setor estatal, dominando mais por lógicas burocráticas do que pela preocupação de servir os usuários com um acréscimo enorme das despesas. De fato, parece conhecer melhor a necessidade e ser mais capaz de satisfazê-la quem a ela está mais vizinho e vai ao encontro do necessitado. Acrescente-se que, freqüentemente, um certo tipo de necessidades requer uma resposta que não seja apenas material, mas que saiba compreender nelas a exigência humana mais profunda. Pense-se na condição dos refugiados, emigrantes, anciãos ou doentes e em todas as diversas formas que exigem assistência, como no caso dos toxicômanos: todas estas são pessoas que podem ser ajudadas eficazmente apenas por quem lhes ofereça, além dos cuidados necessários, um apoio sinceramente fraterno.

49. Neste campo, a Igreja fiel ao mandato de Cristo, seu Fundador, sempre esteve presente com as suas obras para oferecer ao homem carente um auxílio material que não o humilhe e não o reduza a ser apenas objeto de assistência, mas o ajude a sair da

---

100. Cf. PIO XI, Carta Enc. *Quadragesimo anno,* I: *l. c.,* 184-186.

sua precária condição, promovendo a sua dignidade de pessoa. Com profunda gratidão a Deus, deve-se registrar que a caridade operativa nunca faltou na Igreja, verificando-se até um variado e reconfortante incremento hoje. A propósito, merece especial menção *o fenômeno do voluntariado* que a Igreja favorece e promove apelando à colaboração de todos para sustentá-lo e encorajá-lo nas suas iniciativas.

Para superar a mentalidade individualista hoje difundida, requer-se *um concreto empenho de solidariedade e caridade* que tem início no seio da família com o apoio mútuo dos esposos, e depois com os cuidados que uma geração presta à outra. Assim a família qualifica-se como comunidade de trabalho e de solidariedade. Acontece porém que, quando ela se decide a corresponder plenamente à própria vocação, pode-se encontrar privada do apoio necessário por parte do Estado, e não dispõe de recursos suficientes. É urgente promover não apenas políticas para a família, mas também políticas sociais, que tenham como principal objetivo a própria família, ajudando-a, mediante a atribuição de recursos adequados e de instrumentos eficazes de apoio quer na educação dos filhos quer no cuidado dos anciãos, evitando o seu afastamento do núcleo familiar e reforçando os laços entre as gerações.[101]

Além da família, também outras sociedades intermédias desenvolvem funções primárias e constroem específicas redes de solidariedade. Estas, de fato, maturam como comunidades reais de pessoas e dinamizam o tecido social, impedindo-o de cair no anonimato

---

101. Cf. Exort. Ap. *Familiaris consortio* (22 de Novembro de 1981), 45: *AAS* 74 (1982), 136 s.

e na massificação, infelizmente freqüente na sociedade moderna. É na múltipla atuação de relações que vive a pessoa e cresce a "subjetividade" da sociedade. O indivíduo é hoje muitas vezes sufocado entre os dois polos: o Estado e o mercado. Às vezes dá a impressão de que ele existe apenas como produtor e consumidor de mercadorias ou então como objeto da administração do Estado, esquecendo-se que a convivência entre os homens não se reduz ao mercado nem ao Estado, já que a pessoa possui em si mesma um valor singular, ao qual devem servir o Estado e o mercado. O homem é, acima de tudo, um ser que procura a verdade e se esforça por vivê-la e aprofundá-la num diálogo contínuo que envolve as gerações passadas e as futuras.[102]

50. Por esta procura clara da verdade que se renova em cada geração, caracteriza-se *a cultura da Nação*. Com efeito, o patrimônio dos valores transmitidos e adquiridos é sempre submetido pelos jovens à contestação. Contestar, de resto, não quer dizer necessariamente destruir ou rejeitar de modo apriorístico, mas sobretudo pôr à prova na própria vida e, por meio desta verificação existencial, tornar tais valores mais vivos, atuais e personalizados, discernindo o que na tradição é válido daquilo que é falso e errado ou constitui formas antiquadas, que podem ser substituídas por outras mais adequadas aos novos tempos.

Neste contexto, convém lembrar que também *a evangelização se insere na cultura das Nações*, sustentando-a no seu caminho rumo à verdade e ajudando-a

---

102. Cf. Alocução à UNESCO (2 de Junho de 1980): *AAS* 72 (1980), 735-752.

no trabalho de purificação e de enriquecimento.[103] Quando, no entanto, uma cultura se fecha em si própria e procura perpetuar formas antiquadas de vida, recusando qualquer mudança e confronto com a verdade do homem, então ela torna-se estéril e entra em decadência.

51. Toda a atividade humana tem lugar no seio de uma cultura e integra-se nela. Para uma adequada formação de tal cultura, se requer a participação de todo o homem, que aí aplica a sua criatividade, a sua inteligência, o seu conhecimento do mundo e dos homens. Aí investe ainda a sua capacidade de autodomínio, de sacrifício pessoal, de solidariedade e disponibilidade para promover o bem comum. Por isso, o primeiro e maior trabalho realiza-se no coração do homem, e o modo como ele se empenha em construir o seu futuro depende da concepção que tem de si mesmo e do seu destino. É a este nível que se coloca *o contributo específico e decisivo da Igreja a favor da verdadeira cultura*. Ela promove as qualidades dos comportamentos humanos, que favorecem a cultura da paz, contra os modelos que confundem o homem na massa, ignoram o papel da sua iniciativa e liberdade e põem a sua grandeza nas artes do conflito e da guerra. A Igreja presta este serviço, *pregando a verdade relativa à criação do mundo,* que Deus colocou nas mãos dos homens para que o tornem fecundo e mais perfeito com o seu trabalho, *e pregando a verdade referente à redenção,* pela qual o Filho de Deus salvou todos os homens e, simultaneamente, uniu-os entre si, tornan-

---

103. Cf. Carta Enc. *Redemptoris missio,* 39; 52: *L'Osservatore Romano,* 23 de Janeiro de 1991.

do-os responsáveis uns pelos outros. A Sagrada Escritura fala-nos continuamente do compromisso ativo a favor do irmão e apresenta-nos a exigência de uma co-responsabilidade que deve abraçar todos os homens.

Esta exigência não se restringe aos limites da própria família, nem sequer da Nação ou do Estado, mas abarca ordenadamente a humanidade inteira, de modo que ninguém se pode considerar alheio ou indiferente à sorte de outro membro da família humana. Ninguém pode afirmar que não é responsável pela sorte do próprio irmão (cf. *Gn* 4,9; *Lc* 10,29-37; *Mt* 25,31-46)! A atenta e pressurosa solicitude em relação ao próximo, na hora da necessidade, facilitada hoje também pelos novos meios de comunicação que tornaram os homens mais vizinhos entre si, é particularmente importante quando se trata de encontrar os instrumentos de solução dos conflitos internacionais alternativos à guerra. Não é difícil afirmar que a terrível capacidade dos meios de destruição, acessíveis já às médias e pequenas potências, e a conexão cada vez mais estreita entre os povos de toda a terra, tornam muito difícil ou praticamente impossível limitar as conseqüências de um conflito.

52. Os pontífices Bento XV e seus sucessores compreenderam lucidamente este perigo,[104] e eu próprio, por ocasião da recente guerra dramática no Golfo Pérsico, repeti o grito: "Nunca mais a guerra"! Nun-

---

104. Cf. BENTO XV, Exort. *Ubi primum* (8 de Setembro de 1914): *AAS* 6 (1914), 501 s.; PIO XI, Radiomensagem aos fiéis católicos e ao mundo (29 de Setembro de 1938): *AAS* 30 (1938), 309 s.; PIO XII, Radiomensagem ao mundo (24 de Agosto de 1939): *AAS* 31 (1939), 333-335; JOÃO XXIII, Carta Enc. *Pacem in terris*, III: *l. c.*, 285-289; PAULO VI, Discurso à O.N.U. (4 de Outubro de 1965): *AAS* 57 (1965), 877-885.

ca mais a guerra, que destrói a vida dos inocentes, que ensina a matar e igualmente perturba a vida dos assassinos, que deixa atrás de si um cortejo de rancores e de ódios, tornando mais difícil a justa solução dos próprios problemas que a provocaram! Como dentro dos Estados chegou finalmente o tempo em que o sistema da vingança privada e da represália foi substituído pelo império da lei, do mesmo modo é agora urgente que um progresso semelhante tenha lugar na Comunidade internacional. Não se deve esquecer também que, na raiz da guerra, geralmente há reais e graves razões: injustiças sofridas, frustração de legítimas aspirações, miséria e exploração de multidões humanas desesperadas, que não vêem possibilidade real de melhorar as suas condições, através dos caminhos da paz.

Por isso, o outro nome da paz é o *desenvolvimento*.[105] Como existe a responsabilidade coletiva de evitar a guerra, do mesmo modo há a responsabilidade coletiva de promover o desenvolvimento. Como a nível interno é possível e obrigatório construir uma economia social que oriente o funcionamento do mercado para o bem comum, assim é necessário que hajam intervenções adequadas a nível internacional. Por isso deve-se fazer *um grande esforço de recíproca compreensão, de conhecimento e de sensibilização da consciência*. É esta a cultura almejada que faz crescer a confiança nas potencialidades humanas do pobre e, conseqüentemente, na sua capacidade de melhorar a sua condição através do trabalho, ou de dar um contributo positivo ao bem-estar econômico. Para o fazer, porém, o pobre — indivíduo ou Nação — tem necessidade que lhe se-

---

105. Cf. PAULO VI, Carta Enc. *Populorum progressio*, 76-77: *l. c.*, 294 s.

jam oferecidas condições realisticamente acessíveis. Criar essas ocasiões é a tarefa de uma *concertação mundial para o desenvolvimento,* que implica inclusive o sacrifício das situações de lucro e de poder, usufruídas pelas economias mais desenvolvidas.[106]

Isto pode acarretar importantes mudanças nos estilos consolidados de vida, com o objetivo de limitar o desperdício dos recursos ambientais e humanos, permitindo assim a todos os homens e povos da terra dispor deles em medida suficiente. Acrescente-se a isso a valorização dos novos bens materiais e espirituais, fruto do trabalho e da cultura dos povos hoje marginalizados, obtendo-se assim o global enriquecimento humano da família das Nações.

---

106. Cf. Exort. Ap. *Familiaris consortio,* 48: *l. c.,* 139 s.

CAPÍTULO VI

O HOMEM
É O CAMINHO DA IGREJA

53. Em face da miséria do proletariado, Leão XIII dizia: "Abordamos este argumento com confiança e no nosso pleno direito (...). Parecer-nos-ia faltar à nossa missão, se calássemos".[107] Nos últimos 100 anos, a Igreja manifestou repetidamente o seu pensamento, seguindo de perto a evolução contínua da questão social. Não o fez para recuperar privilégios do passado ou para impor a sua concepção social. O seu único objetivo era o *cuidado e a responsabilidade pelo homem,* a Ela confiado pelo próprio Cristo: por *este homem* que, como o Concílio Vaticano II recorda, é a única criatura sobre a terra a ser querida por Deus por si mesma, e para a qual Deus tem o seu projeto, isto é, a participação na salvação eterna. Não se trata do homem "abstrato", mas do homem real, "concreto", "histórico": trata-se de *cada homem,* porque cada um foi englobado no mistério da redenção e Cristo uniu-se com cada um para sempre, através desse mistério.[108] Disto se segue que a Igreja não pode abandonar o homem e que *"este homem* é o primeiro caminho que a Igreja deve percorrer na realização da sua missão (...) o caminho traça-

---

107. Cf. Carta Enc. *Rerum novarum: l. c.,* 107.
108. Cf. Carta Enc. *Redemptor hominis,* 13: *l. c.,* 283.

do pelo próprio Cristo, caminho que invariavelmente passa pelo mistério da encarnação e da redenção".[109]

A inspiração que preside à doutrina social da Igreja é esta, e só esta. Se a foi elaborando pouco a pouco de forma sistemática, sobretudo a partir da data que comemoramos, é porque toda a riqueza doutrinal da Igreja tem como horizonte o homem, na sua concreta realidade de pecador e de justo.

54. A doutrina social hoje especialmente visa o *homem*, enquanto inserido na complexa rede de relações das sociedades modernas. As ciências humanas e a filosofia servem de ajuda para interpretar a *centralidade do homem dentro da sociedade*, e para o capacitarem a uma melhor compreensão de si mesmo, enquanto "ser social". Todavia somente a fé lhe revela plenamente a sua verdadeira identidade, e é dela precisamente que parte a doutrina social da Igreja, que, recolhendo todos os contributos das ciências e da filosofia, propõe-se assistir o homem no caminho da salvação.

A Encíclica *Rerum novarum* pode ser lida como um importante contributo à análise sócio-econômica do fim do século XIX, mas o seu valor particular deriva de ela ser um Documento do Magistério que se insere perfeitamente na missão evangelizadora da Igreja, conjuntamente com muitos outros Documentos desta natureza. Daqui resulta que a *doutrina social,* por si mesma, tem o valor de um *instrumento de evangelização:* enquanto tal, anuncia Deus e o mistério de salvação em Cristo a cada homem e, pela mesma razão,

---

109. *Ibid.*, 14: *l. c.*, 284 s.

revela o homem a si mesmo. A esta luz, e somente nela, se ocupa do resto: dos direitos humanos de cada um e, em particular, do "proletariado", da família e da educação, dos deveres do Estado, do ordenamento da sociedade nacional e internacional, da vida econômica, da cultura, da guerra e da paz, do respeito pela vida desde o momento da concepção até à morte.

55. A Igreja recebe o "sentido do homem" da Revelação divina. "Para conhecer o homem, o homem verdadeiro, o homem integral, é preciso conhecer Deus", dizia Paulo VI, citando imediatamente Santa Catarina de Sena, que, em oração, exprimia a mesma doutrina. "Na tua natureza, Divindade eterna, conhecerei a minha natureza."[110]

Portanto, a antropologia cristã é realmente um capítulo da teologia e, pela mesma razão, a doutrina social da Igreja, ocupando-se do homem, interessando-se por ele e pelo seu modo de se comportar no mundo, "pertence (...) ao campo da teologia e especialmente da teologia moral".[111] A dimensão teológica revela-se necessária para interpretar e resolver os problemas atuais da convivência humana. Isto é válido —tenha-se na devida conta— tanto no que se refere à solução "atéia", que priva o homem de uma das suas componentes fundamentais, a espiritual, quanto no que diz respeito às soluções permissivas e consumísticas, que buscam, sob vários pretextos, convencê-lo da sua independência de toda a lei e de Deus, encerrando-o num egoísmo que acaba por lesar a si e aos outros.

---

110. PAULO VI. Homilia na última sessão pública do Concílio Ecumênico Vaticano II (7 de Dezembro de 1965): *AAS* 58 (1966), 58.
111. Carta Enc. *Sollicitudo rei socialis*, 41: *l. c.*, 571.

Quando a Igreja anuncia ao homem a salvação de Deus, quando lhe oferece e comunica, através dos sacramentos, a vida divina, quando orienta a sua vida segundo os mandamentos do amor a Deus e ao próximo, contribui para a valorização da dignidade do homem. Mas como nunca poderá abandonar esta sua missão religiosa e transcendente a favor do homem, eis porque se empenha sempre com novas forças e novos métodos na evangelização que promove o homem todo. Apesar de se dar conta de que a sua obra encontra hoje particulares dificuldades e obstáculos, a Igreja, quase no início do Terceiro Milênio, permanece "sinal e salvaguarda do caráter transcendente da pessoa humana" [112] como, aliás, sempre procurou fazer, desde o princípio da sua existência, caminhando conjuntamente com o homem, ao longo de toda a história. A Encíclica Rerum novarum é disso uma expressão significativa.

56. Quero agradecer, no centenário desta Encíclica, a todos os que se empenharam em estudar, aprofundar e divulgar a doutrina social cristã.

Para este fim, é indispensável a colaboração das Igrejas locais e faço votos de que a ocorrência seja motivo de um novo estímulo para o seu estudo, divulgação e aplicação nos múltiplos âmbitos da realidade.

Desejava, de modo particular, que ela fosse dada a conhecer e atuada nos Países, onde, após a queda do socialismo real, se revela uma grave desorientação na obra de reconstrução. Por sua vez os Países ociden-

---

112. CONC. ECUM. VAT. II, Const. past. sobre a Igreja no mundo contemporâneo *Gaudium et spes*, 76; cf. JOÃO PAULO II, Carta Enc. *Redemptor hominis*, 13: *l. c.*, 283.

tais correm o perigo de verem, nesta derrocada, a vitória unilateral do próprio sistema sócio-econômico, sem se preocuparem, por isso, em fazerem nele as devidas correções. Depois os Países do Terceiro Mundo encontram-se mais do que nunca na dramática situação do subdesenvolvimento, que cada dia se torna mais grave.

Leão XIII, depois de ter formulado os princípios e as orientações para a solução da questão operária, escreveu esta palavra decisiva: "Cada um realize a parte que lhe compete e não demore porque o atraso poderia ainda tornar mais difícil a cura de um mal já tão grave", acrescentando ainda: "Quanto à Igreja, não deixará de modo nenhum faltar a sua quota-parte".[113]

57. Para a Igreja, a mensagem social do Evangelho não deve ser considerada uma teoria, mas sobretudo um fundamento e uma motivação para a ação. Impelidos por esta mensagem, alguns dos primeiros cristãos distribuíam os seus bens pelos pobres e davam testemunho de que era possível uma convivência pacífica e solidária, apesar das diversas proveniências sociais. Pela força do Evangelho, ao longo dos séculos, os monges cultivaram as terras, os religiosos e as religiosas fundaram hospitais e asilos para os pobres, as confrarias, bem como homens e mulheres de todas condições empenharam-se a favor dos pobres e dos marginalizados, convencidos de que as palavras de Cristo: "Cada vez que fizestes estas coisas a um dos meus irmãos mais pequeninos, a mim o fizestes" (*Mt* 25,40), não deviam permanecer um piedoso desejo, mas tornar-se um compromisso concreto de vida.

---

113. Carta Enc. *Rerum novarum: l. c.*, 143.

A Igreja está consciente hoje mais que nunca de que a sua mensagem social encontrará credibilidade primeiro no *testemunho das obras* e só depois na sua coerência e lógica interna. Desta convicção provém também a sua opção preferencial pelos pobres, que nunca será exclusiva nem descriminatória relativamente aos outros grupos. Trata-se, de fato, de uma opção que não se estende apenas à pobreza material, dado que se encontram, especialmente na sociedade moderna, formas de pobreza não só econômica mas também cultural e religiosa. O amor da Igreja pelos pobres, que é decisivo e pertence à sua constante tradição, impele-a a dirigir-se ao mundo no qual, apesar do progresso técnico-econômico, a pobreza ameaça assumir formas gigantescas. Nos Países ocidentais, existe a variada pobreza dos grupos marginalizados, dos anciãos e doentes, das vítimas do consumismo, e ainda de tantos refugiados e emigrantes; nos Países em vias de desenvolvimento, desenham-se no horizonte crises dramáticas se não forem tomadas medidas internacionalmente coordenadas.

58. O amor ao homem — e em primeiro lugar ao pobre, no qual a Igreja vê Cristo — concretiza-se na *promoção da justiça*. Esta nunca se poderá realizar plenamente, se os homens não deixarem de ver no necessitado, que pede ajuda para a sua vida, um importuno ou um fardo, para reconhecerem nele a ocasião de um bem em si, a possibilidade de uma riqueza maior. Só esta consciência dará a coragem para enfrentar o risco e a mudança implícita em toda a tentativa de ir em socorro do outro homem. De fato, não se trata apenas de "dar o supérfluo", mas de ajudar povos inteiros, que dele estão excluídos ou marginaliza-

dos, a entrarem no círculo do desenvolvimento econômico e humano. Isto será possível não só fazendo uso do supérfluo, que o nosso mundo produz em abundância, mas sobretudo alterando os estilos de vida, os modelos de produção e de consumo, as estruturas consolidadas de poder, que hoje regem as sociedades. Não se trata de destruir instrumentos de organização social que deram boa prova de si, mas principalmente de os orientar segundo uma concepção adequada do bem comum dirigido a toda a família humana. Hoje está-se verificando a denominada "mundialização da economia", fenômeno este que não deve ser desprezado, porque pode criar ocasiões extraordinárias de maior bem-estar. Mas é sentida uma necessidade cada vez maior de que a esta crescente internacionalização da economia correspondam válidos organismos internacionais de controle e orientação que encaminhem a economia para o bem comum, já que nenhum Estado por si só, ainda que fosse o mais poderoso da terra, seria capaz de o fazer. Para poder conseguir tal resultado é necessário que cresça o entendimento entre os grandes Países, e que nos organismos internacionais sejam eqüitativamente representados os interesses da grande família humana. Mas impõe-se também que, ao avaliarem as conseqüências das suas decisões, tenham em devida conta aqueles povos e Países que têm escasso peso no mercado internacional, mas em si concentram as necessidades mais graves e dolorosas, e necessitam de maior apoio para o seu desenvolvimento. Sem dúvida, há ainda muito a fazer neste campo.

59. Para se cumprir a justiça e serem bem sucedidas as tentativas dos homens para a realizar, é necessário o *dom da graça* que vem de Deus. Por meio

dela, em colaboração com a liberdade dos homens, obtém-se aquela misteriosa presença de Deus na história que é a Providência.

A experiência da novidade vivida no seguimento de Cristo requer a sua comunicação aos outros homens, nas situações concretas das suas dificuldades, lutas, problemas e desafios, para que sejam iluminadas e tornadas mais humanas à luz da fé. Esta não ajuda simplesmente a encontrar soluções, mas torna humanamente aceitáveis inclusive as situações de sofrimento, de modo que nelas o homem não se perca nem esqueça a sua dignidade e vocação.

A doutrina social tem, além disso, uma importante dimensão interdisciplinar. Para encarnar melhor nos diversos contextos sociais, econômicos e políticos em contínua mutação, essa doutrina entra em diálogo com diversas disciplinas que se ocupam do homem, assumindo em si os contributos que delas provêm, e ajudando-as, por sua vez, a abrir-se numa dimensão mais ampla ao serviço de cada pessoa, conhecida e amada na plenitude da sua vocação.

A par desta dimensão interdisciplinar, aparece depois a dimensão prática e em certo sentido experimental desta doutrina. De fato, ela situa-se no cruzamento da vida e da consciência cristã com as situações do mundo e exprime-se nos esforços que indivíduos, famílias, agentes culturais e sociais, políticos e homens de Estado realizam para lhe dar forma e aplicação na história.

60. Ao anunciar os princípios para a solução da questão operária, Leão XIII escrevia: "A solução de um problema tão árduo requer o concurso e a cooperação

eficaz de outros também".[114] Ele estava convencido que os graves problemas, causados pela sociedade industrial, só podiam ser resolvidos pela colaboração entre todas as forças intervenientes. Essa afirmação tornou-se um elemento permanente da doutrina social da Igreja, e isto explica, entre outras razões, porquê o Papa João XXIII dirigiu a sua Encíclica sobre a paz, também a "todos os homens de boa vontade".

Todavia Leão XIII constatava com tristeza que as ideologias do tempo, especialmente o liberalismo e o marxismo, recusavam essa colaboração. Entretanto muitas coisas mudaram, especialmente nos últimos anos. O mundo de hoje está sempre mais consciente de que a solução dos graves problemas nacionais e internacionais não é apenas uma questão de produção econômica ou de uma organização jurídica ou social, mas requer valores ético-religiosos específicos, bem como mudanças de mentalidade, de comportamentos e de estruturas. A Igreja sente-se particularmente responsável em oferecer este contributo e, como escrevi na Encíclica *Sollicitudo rei socialis,* há fundada esperança de que mesmo o grupo numeroso dos que não professam explicitamente uma religião possa contribuir para esse fundamento ético necessário à questão social.[115]

No mesmo Documento, dirigi precisamente um apelo às Igrejas cristãs e a todas as grandes religiões do mundo, convidando-as a dar um testemunho unanime das nossas convicções comuns sobre a dignidade

---

114. *Ibid., l. c.,* 107.
115. Cf. Carta Enc. *Sollicitudo rei socialis,* 38: *l. c.,* 564-566.

do homem, criado por Deus.[116] De fato, estou persuadido que as religiões têm hoje e continuarão a ter um papel proeminente a desempenhar na conservação da paz e na construção de uma sociedade digna do homem.

A disponibilidade para o diálogo e colaboração vale, além disso, para todos os homens de boa vontade e, de modo particular, para as pessoas e grupos com uma responsabilidade específica no campo político, econômico e social tanto a nível nacional como internacional.

61. No início da sociedade industrial, foi "o jugo quase servil" que obrigou o meu predecessor a tomar a palavra em *defesa do homem*. Nestes cem anos, a Igreja permaneceu fiel a esse empenho! De fato, interveio nos anos turbolentos da luta de classes, a seguir à primeira guerra mundial, para defender o homem da exploração econômica e da tirania dos sistemas totalitários. Colocou a dignidade da pessoa no centro das suas mensagens sociais, após a segunda guerra mundial, insistindo sobre o destino universal dos bens materiais, sobre uma ordem social sem opressão e fundada no espírito de colaboração e solidariedade. Depois reiterou constantemente que a pessoa e a sociedade não têm necessidade apenas destes bens, mas também de valores espirituais e religiosos. Além disso, tendo verificado cada vez mais como tantos homens vivem, não no bem-estar do mundo ocidental, mas na miséria dos Países em vias de desenvolvimento e padecem uma condição que é ainda a do "jugo quase servil", sentiu-se na obrigação de denunciar essa realidade clara e

---

116. Cf. *ibid.*, 47: *l. c.*, 582.

francamente, embora sabendo que este seu grito não será sempre acolhido favoravelmente por todos.

Cem anos depois da publicação da *Rerum novarum*, a Igreja encontra-se ainda diante de "coisas novas" e de novos desafios. Por isso, este centenário da Encíclica deve confirmar em sua tarefa todos os "homens de boa vontade", e especialmente os crentes.

62. Esta minha Encíclica quis olhar ao passado, mas ela está sobretudo lançada para o futuro. Como a Rerum novarum, ela coloca-se quase no limiar do novo século e deseja, com a ajuda de Deus, preparar a sua vinda.

A verdadeira e perene "novidade das coisas" em cada tempo provém do infinito poder divino, que diz: "Eis que eu faço novas todas as coisas" (*Ap* 21,5). Estas palavras referem-se à conclusão da história quando Cristo "entregar o reino a Deus Pai (...) para que Deus seja tudo em todos" (*1Cor* 15,24-28). Mas o cristão sabe que esta novidade, cuja plenitude aguardamos com o Regresso do Senhor, está presente desde a criação do mundo, e, mais precisamente, desde que Deus se fez homem em Jesus Cristo, e com Ele e por Ele realizou uma "nova criação" (*2Cor* 5,17; *Gl* 6,15).

Ao concluir, quero agradecer a Deus onipotente por ter dado à sua Igreja a luz e a força para acompanhar o homem no seu caminho terreno para o destino eterno. A Igreja, também no Terceiro Milênio, permanecerá fiel no *assumir como próprio o caminho do homem,* sabendo que não caminha só, mas com Cristo, seu Senhor. Foi Ele que fez seu o caminho do homem, e o guia mesmo quando ele disso não se dá conta.

Maria, a Mãe do Redentor, que permaneceu ao lado de Cristo, no seu caminho ao encontro dos homens e com os homens, e precede a Igreja na peregrinação da fé, acompanhe, com sua maternal intercessão, a humanidade em direção ao próximo Milênio, na fidelidade Àquele que "ontem como hoje, é o mesmo e sê-lo-á para sempre" (cf. *Hb* 13,8), Jesus Cristo, Nosso Senhor, em nome do qual a todos abençoo.

Dado em Roma, junto de S. Pedro, na memória de S. José Operário, dia 1 de Maio do ano de 1991, décimo terceiro de pontificado.

João Paulo pp II

ÍNDICE

INTRODUÇÃO 5

CAPÍTULO I
Traços característicos da Rerum novarum 11

CAPÍTULO II
Rumo às "coisas novas" de hoje 27

CAPÍTULO III
O ano 1989 43

CAPÍTULO IV
A propriedade privada
e o destino universal dos bens 57

CAPÍTULO V
Estado e cultura 83

CAPÍTULO VI
O homem é o caminho da Igreja 99

Impresso na gráfica da
Pia Sociedade Filhas de São Paulo
Via Raposo Tavares, km 19,145
05577-300 - São Paulo, SP - Brasil - 2018